北咨咨询丛书　　丛书主编　郭俊峰
·信息技术·

U0366217

中小学校信息化设计
实用指南

主　编　王建宙
副主编　康　苹　李　东　李　赫

中国建筑工业出版社

图书在版编目（CIP）数据

中小学校信息化设计实用指南/王建宙主编；康苹，
李东，李赫副主编．—北京：中国建筑工业出版社，
2022.3

（北咨咨询丛书/郭俊峰主编．信息技术）

ISBN 978-7-112-27206-8

Ⅰ．①中…　Ⅱ．①王…　②康…　③李…　④李…　Ⅲ.
①中小学－学校管理－信息化－指南　Ⅳ．①G637-39

中国版本图书馆 CIP 数据核字（2022）第 041987 号

　　本书为中小学校信息化设计实用指南。主要内容包括 4 部分：设计要点；设计样例；技术标准；中小学
信息化政策研究。其中，设计要点和设计样例涵盖了 15 个校园信息化系统：校园网系统；校园无线网系统；
综合布线系统；机房设计系统；视频安防监控系统；出入口控制系统；入侵报警系统；教学录播系统；视频
会议系统；用户电话交换系统；数字广播设计系统；数字电视系统；校园一卡通系统；电子班牌系统；校园
物联网系统。
　　本书可供智能、信息、电气设计、学校信息化从业人员使用。

责任编辑：封　毅　毕凤鸣
责任校对：赵听雨

北咨咨询丛书　信息技术　郭俊峰主编
中小学校信息化设计实用指南
主　编　王建宙
副主编　康　苹　李　东　李　赫

*

中国建筑工业出版社出版、发行（北京海淀三里河路 9 号）
各地新华书店、建筑书店经销
逸品书装设计制版
北京市密东印刷有限公司印刷

*

开本：787 毫米×1092 毫米　1/16　印张：12¾　字数：214 千字
2022 年 5 月第一版　　2022 年 5 月第一次印刷
定价：60.00 元
ISBN 978-7-112-27206-8
（38837）

北咨咨询丛书编写委员会

本书编写人员

主　编：王建宙

副主编：康　苹　李　东　李　赫

编写人员（按姓氏笔画排序）：

蔡若谷　陈二慧　高　伟　任　河　王　翠

王伟炜　邵辰雪　赵冬临　周剑鸣

丛书总序

改革开放以来，我国经济社会发展取得了举世瞩目的成就，工程咨询业亦随之不断发展壮大。作为生产性服务业的重要组成部分，工程咨询业涵盖规划咨询、项目咨询、评估咨询、全过程工程咨询等方面，服务领域涉及经济社会建设和发展的方方面面，工程咨询机构也成为各级政府部门及企事业单位倚重的决策参谋和技术智囊。

为顺应国家投资体制改革和首都发展需要，以提高投资决策的科学性、民主化为目标，经北京市人民政府批准，北京市工程咨询有限公司（原北京市工程咨询公司，简称"北咨公司"）于1986年正式成立。经过30多年的发展，北咨公司立足于首都经济建设和城市发展的最前沿，面向政府和社会，不断拓展咨询服务领域和服务深度，形成了贯穿投资项目建设全过程的业务链条，一体化综合服务优势明显，在涉及民生及城市发展的许多重要领域构建了独具特色的咨询评估理论方法及服务体系，积累了一批经验丰富的专家团队，为政府和社会在规划政策研究、投资决策、投资控制、建设管理、政府基金管理等方面提供了强有力的智力支持和服务保障，已成为北京市乃至全国有相当影响力的综合性工程咨询单位。

近年来，按照北京市要求，北京市工程咨询有限公司积极推进事业单位转企改制工作，并于2020年完成企业工商注册，这是公司发展史上的重要里程碑，由此公司发展进入新阶段。面对新的发展形势和要求，北咨公司紧密围绕北京市委全面深化改革委员会提出的打造"政府智库"和"行业龙头企业"的公司发展定位，以"内优外拓转型"为发展主线，以改革创新为根本动力，进一步巩固提升

"收放有度、管控有力、运营高效"的北咨管理模式，进一步深化改革，建立健全现代企业制度，进一步强化干部队伍建设，塑造"以奋斗者为本"的企业文化，进一步推动新技术引领传统咨询业务升级，稳步实施"内部增长和外部扩张并重"的双线战略，打造政府智库，加快推动上市重组并购进程，做大做强工程咨询业务，形成北咨品牌彰显的工程咨询龙头企业。

我国已进入高质量发展阶段，伴随着改革深入推进，市场环境持续优化，工程咨询行业仍处于蓬勃发展时期，工程咨询理论方法创新正成为行业发展的动力和手段。北咨公司始终注重理论创新和方法领先，始终注重咨询成效和增值服务，多年来形成了较为完善的技术方法、服务手段和管理模式。为贯彻新发展理念，北咨公司全面启动"工程咨询理论方法创新工程"，对公司 30 多年来理论研究和实践经验进行总结、提炼，系统性梳理各业务领域咨询理论方法，充分发挥典型项目的示范引领作用，推出《北咨咨询理论方法研究与实践系列丛书》（简称"北咨咨询丛书"）。

本丛书是集体智慧的结晶，反映了北咨公司的研究水平和能力，是外界认识和了解北咨的一扇窗口，同时希望借此研究成果，与同行共同交流、研讨，助推行业高质量发展。

序

教育是民族振兴、社会进步的重要基石，事关国家发展和民族未来，对实现中华民族伟大复兴具有决定性意义。党的十九大作出中国特色社会主义进入新时代的重大判断，开启了加快教育现代化、建设教育强国的新征程。信息化是教育现代化的重要内容，也是推进教育现代化的关键途径。站在这一新的历史起点，我们必须聚焦教育信息化新的使命，顺应智能环境下教育发展新的要求，从而充分发挥教育信息化突破时空限制、呈现手段丰富的独特优势，促进教育公平、提高教育质量。

在教育结构中，中小学教育是国民教育的基础，是人口素质形成的奠基阶段。如何做好这一阶段的教育信息化工作是教育管理者、教师、学生、家长共同关注的热点，具有很强的社会影响力。目前我国中小学教育信息化经费主要来源于国家财政性教育经费，关注建设质量，注重建设效率，强调投资效益对中小学教育信息化的设计服务提出了更高的要求。本书聚焦中小学信息化设计工作，依托大量项目建设实践，系统的为读者呈现了 15 个中小学信息化主要系统的设计要点、技术标准和设计案例，涵盖校园网络、安全、教学、管理等多个方面，为读者提供了一个较为清晰、完整的中小学信息化设计和建设参考蓝本，内容丰富，科学严谨。

多年来，北京市工程咨询有限公司坚持以为政府和社会服务为核心，完成了众多具有巨大综合价值、极具社会影响力的教育信息化建设项目设计咨询工作，形成了完善的设计流程和服务模式，也培养一支专业、严谨、高效、拼搏的服务团队。我公司将持续为加快教育信息化、把我国建设成为教育强国、服务支撑实现 2035 年国家教育现代化目标做出更多贡献。

王芊平

2022 年 5 月于北京

前　言

教育兴则国家兴，教育强则国家强。当今世界正处于大发展大变革大调整时期，世界多极化、经济全球化、社会信息化、文化多样化深入发展，挑战与机遇并存。新的发展时期，伴随我国经济由高速增长阶段转向高质量发展阶段，依托政府投资的教育信息化项目对于高建设效率、高投资效益的设计需求日益提升。如何准确、高效的规划、设计、建设满足教学需求、符合标准规范、适应管理要求的中小学教育信息化系统，是建设单位、设计单位、管理单位都需要重点考虑的实际问题。本书坚持以实践为导向，从设计要点出发详细阐述各信息系统的建设要求，辅以实际项目案例说明各系统的技术方案，各信息系统可根据实际需求进行模块化组合，以期为各类读者提供思路借鉴。

全书分四章组织编排，涵盖了 15 个中小学校园信息化系统：校园网系统、校园无线网系统、综合布线系统、机房设计系统、视频安防监控系统、出入口控制系统、入侵报警系统、教学录播系统、视频会议系统、用户电话交换系统、数字广播设计系统、数字电视系统、校园一卡通系统、电子班牌系统、校园物联网系统。第一章介绍上述信息系统的建设标准、建设要求和主要设备技术要求等，供新建校或改扩建校信息化项目参考。第二章以设计要点为基础框架，依托实际项目案例说明各信息系统的建设内容、系统架构和技术方案等。第三章列出了各信息系统对应行业、领域内的重点技术标准，有效指导信息化工程建设，评定和保证工程质量。第四章对国家 / 教育部、省市的中小学信息化政策进行了梳理研究。

本书由公司组织内部专家及业务骨干人员编写，其中第一章由王建宙、康苹、李东、李赫、任河、王翠、周剑鸣编写，第二章由王建宙、康苹、赵冬临、蔡若谷、高伟、王伟炜编写，第三章由李东、高伟、王伟炜、周剑鸣编写，第四章由康苹、陈二慧、邵辰雪编写。本书编写过程中还得到了公司各级领导和全体员工的大力支持，在此一并表示感谢。由于书籍编写时间仓促，疏漏之处在所难免，请读者不吝指正。

书籍编写组

2022 年 5 月

目 录

第 1 章
设计要点

中小学校信息化建设一般包括校园网、校园无线网、安防监控、出入口控制系统、入侵报警、机房工程、综合布线系统、视频会议系统、用户电话交换系统、数字广播、有线电视、校园一卡通等。

本章节主要描述各信息系统设计要点，内容包括各信息系统建设标准、建设要求和主要设备技术要求等，信息系统可按模块化组合，供新建校全部参考，改扩建校项目部分参考。

1.1 校园网系统

1.1.1 校园网概述

校园网是一套能覆盖整个校园范围的计算机网络，将学校内的计算机、服务器和其他终端设备连接在一起，并通过网络接口连接到广域网。校园网不仅要使分布在不同地理位置的网络节点互联互通组成一个统一的网络，更为重要的是要将学校的各种信息资源有序高效地组织起来，以满足学校教学、科研、管理和信息交流等方面的需求。

1.1.2 校园网参考技术标准（表 1-1）

校园网系统建设标准一览表 表 1-1

标准名称及编号	发布日期 / 实施日期	发布单位
《智能建筑设计标准》GB 50314—2015	2015 年 3 月 18 日发布 2015 年 11 月 1 日实施	中华人民共和国住房和城乡建设部、中华人民共和国国家质量监督检验检疫总局联合发布
《民用建筑电气设计标准》GB 51348—2019	2019 年 11 月 22 日发布 2020 年 8 月 1 日实施	中华人民共和国住房和城乡建设部、国家市场监督管理总局联合发布

1.1.3 校园网系统建设标准规定（表 1-2）

校园网系统建设标准规定一览表

表 1-2

序号	学校类型	建设要求
1	中学	万兆骨干，千兆到桌面
2	小学	

1.1.4 校园网建设要求

1. 基本要求

校园网系统的设计应标准化，并应具有可靠性、安全性和可扩展性。系统设计前，应对各学校进行详细的调研和需求分析，以满足不同学校的使用需求。校园网系统的配置应遵循实用性和适用性的原则，并宜适度超前。

网络的根本是实现互相通信，但是一个网络中使用的软硬件产品可能由多家生产商提供，因此，校园网系统中使用的软硬件标准应遵循国际标准，如国际标准化组织（ISO）的开放系统互联标准（OSI）、美国电气与电子工程师协会（IEEE）的局域网标准（IEEE 802.X）、Internet 工业标准传输控制/网络互联协议栈（TCP/IP）等。

根据目前教学需求，校园网系统一般配置为万兆以太网主干，1000M 快速以太网到桌面，同时兼顾学校应用水平及建筑结构的实际情况（如单教学楼、多教学楼），采用提高性能与管理的光纤堆叠技术，确保 1000M 交换到桌面的技术要求。

2. 系统构成

校园网网络拓扑采用星形结构，构成如下：

1）在学校核心机房配置核心交换机，核心交换机采用带有路由处理能力、VLAN 划分，以及万兆级联端口的三层交换机；

2）在各分配线间采用适用楼层应用的带有万兆级联端口的二层交换机；

3）主配线间和分配线间之间采用光纤相连，形成业界技术成熟的星状网结构；

4）校园网网络出口采用光纤接入方式，进入外网或城域网。

3. 系统功能、性能设计

1）IP 地址规划设计

一般每个学校可分配 1 个 C 类的地址。每台上网的设备均使用合法 IP，使得所有的联网设备都具有可溯性。

学校的发布地址由学校所属市（区）教育网络信息中心统一分配管理，原则上学校使用分配给本校地址段中的前三个地址作为学校的发布地址。

分配给学校的地址段中最后 2～5 个可利用地址作为路由交换设备的地址，其中倒数第一个地址作为学校端三层交换机接口地址。其余的 1～4 个地址作为楼层交换机的管理地址。

经过合理的 IP 地址规划，既保证每台接入网络的计算机都有合法 IP 地址，又保证 IP 地址的分配具有连续性、实用性，避免 IP 地址的浪费。

在分配 IP 地址时应注意以下几个问题：

首先接入学校的 IP 地址分配应该结合自身的实际情况，尤其是业务网与传送网的组网情况，在实际的组网中学校的 IP 地址应该连续分配，这样便于 IP 地址在信息中心的汇总。

其次，对于信息点数多、规模较大的学校，根据需要可多分配几个 C 类地址，但 IP 地址应连续。

2）VLAN 划分规划设计

VLAN（Virtual Local Area Network）即虚拟局域网，是指处于不同物理位置的节点根据需要组成不同的逻辑子网，即一个 VLAN 就是一个逻辑广播域，它可以覆盖多个网络设备。VLAN 允许处于不同地理位置的网络用户加入到一个逻辑子网中，共享一个广播域。通过创建 VLAN 可以控制广播风暴的产生，从而提高交换式网络的整体性和安全性。

学校可以根据信息点数的多少及学校自身的实际情况划分一个或多个 VLAN，例如：学生 VLAN、教师 VLAN、办公 VLAN 等。

以上的 VLAN 划分中，一个 VLAN 虚拟子网的 IP 地址段对应一个 IP 子网，VLAN 名称可以以相对应的拼音缩写命名。

在一所学校内需要划分多个子网时也应尽量使划分的 IP 子网保持连续性，这样有利于在学校出口做路由汇聚。

3）路由规划设计

学校在网络互联上采用光纤接入方式，可通过学校配备的传输网设备直接上连到外网，也可将学校作为一个节点连入区教育信息网，采用静态路由/缺省路由指向对端。静态路由/缺省路由协议是由网络系统管理员手工定制的。针对每个节点学校的接入，其具有管理方便、不会产生动态路由所特有的路由信息广播或路由信息更新或 HELLO 报文等，从而不会在系统资源（内存、CPU、带宽）等方面产生额外的资源浪费。

4）校园网核心交换

核心交换机需采用具备三层路由能力的交换机。第三层交换机将第二层交换机和第三层路由器两者的优势有机而智能化地结合成一个灵活的解决方案，可在各个层次提供线速性能。集成化的结构引进了策略管理属性，不仅使第二层与第三层相互关联起来，而且还提供流量优先化处理、安全访问机制以及其他多种功能。

第三层交换机分为接口层、交换层和路由层三个部分。接口层包含了所有重要的局域网接口，如 10/100/1000Mbps 以太网、千兆光纤以太网、FDDI 和 ATM 等；交换层集成了多种局域网接口，并辅之以策略管理，同时还提供链路汇聚、VLAN 和标记机制；路由层提供主要的局域网路由协议，包括 IP、IPX 等，并通过策略管理，提供传统路由或直通的第三层转发技术。策略管理和行政管理相结合，使得网络管理员能够根据学校的特定需求调整网络。

由于应用的需求，骨干交换机多为万兆交换机，可以提供 10/100/1000Mbps 自适应端口和万兆光纤端口，既可以连接双绞线，也可以连接光纤，并提供高性能的背板通道。校园网系统中将第三层交换机用在网络的核心层，用第三层交换机上的万兆光纤端口连接各分配线间的二层交换机万兆光纤接口。

1.1.5 主要设备技术要求

1. 核心交换机

1）结构、接口要求

● 模块化交换机，扩展模块插槽 ≥ 8 个

● 双引擎、双电源

● 交换容量 ≥ 80Tbps

● 包转发率 ≥ 28Gpps

● 10/100/1000 自适应电口 ≥ 48 口

● 10/100/1000 SFP 光口 ≥ 72 口

● 万兆接口数量 ≥ 8 口

● Mini 多模光纤模块 ≥ 72 块

2）功能需求

● VLAN 支持 4K 802.1Q（VLAN）

- 链路聚合支持 LACP（802.3ad）

3）DHCP

- 支持 DHCP Server

- 支持 DHCP Client

- 支持 DHCP snooping

- 支持 DHCP Relay

4）IP 路由

- 支持静态路由

- 支持 RIP、RIPng

- 支持 OSPF、OSPF v3、IS-IS、IS-IS v6

5）ACL

- 支持灵活多样的硬件 ACL

- 支持标准 IP ACL（基于 IP 地址的硬件 ACL）

- 支持扩展 IP ACL（基于 IP 地址、TCP/UDP 端口号的硬件 ACL）

- 支持 MAC 扩展 ACL（基于源 MAC 地址、目的 MAC 地址和可选的以太网类型的硬件 ACL）

- 支持基于时间 ACL

2. 接入交换机

1）结构、接口要求

- 标准机架式设备，高度 1U

- 10/100/1000 自适应电口数量≥ 48 个

- 千兆光口数量≥ 4 个

- 交换容量≥ 250G

- 包转发速率≥ 80M

2）功能需求

- VLAN 支持 4K 802.1Q VLAN

- 链路聚合支持 LACP（802.3ad）

3）光模块

- 多模 Mini 光纤模块

- 传输波长 850nm

- 传输距离 550m

- 接口类型 LC
- 传输速率 1.25Gb/s

1.2 校园无线网系统

1.2.1 校园无线网概述

基于信息技术的研究成果和信息化进程加快的现状，信息电子化交换和信息资源共享已成为当今各行各业的基本需求。继美国、韩国、日本等国之后，2010年在国家相关政策的推动下，我国多个省市扩大了中小学无线覆盖的试点推广，基于计算机局域网技术的校园无线网逐渐得到了广泛应用。

校园无线网是计算机网络与无线通信技术结合的产物，它不受电缆的限制，并且可移动、可满足各类便携设备入网的要求，实现计算机无线网的接入、图文传输、电子邮件收发、网络教学、移动办公等多种功能。无线校园网具备的灵活性满足了师生们在一定空旷区域内实现移动办公学习的需求，更适用于图书馆、会议中心和学生的开放式自习室等空间大、移动用户多、不宜布设线缆的场所，从而弥补了有线网络在提供完善数据服务方面的不足。

1.2.2 校园无线网参考技术标准（表1-3）

校园无线网参考技术标准　　　　　　　　　　　　　　　表 1-3

标准名称及编号	发布日期 / 实施日期	发布单位
《无线通信室内覆盖系统工程设计规范》YD/T 5120—2015	2015 年 10 月 10 日发布 2016 年 1 月 1 日实施	中华人民共和国工业和信息化部
《公用计算机互联网工程设计规范》YD/T 5037—2005	2005 年 10 月 8 日发布 2006 年 1 月 1 日实施	中华人民共和国信息产业部

1.2.3 校园无线网建设标准规定一览表（表1-4）

校园无线网建设标准规定一览表　　　　　　　　　　　　表 1-4

序号	功能标准	中小学
1	系统要求	1. 每间教室满足所有终端同时使用； 2. 室外设备需要防止雷击； 3. 全校保障无线信号覆盖； 4. 能够进行本地管理

序号	功能标准	中小学
	建设位置	建设标准
1	教室	每间教室配备 1 个 AP
2	40m² 以下小办公室	具有无线信号引入点
3	40m² 以上大办公室	具有无线信号引入点
4	60m² 以下小会议室	根据用户数量配备 AP
5	60m² 以上大会议室	根据用户数量配备 AP
6	其他房间	具有无线信号引入点
7	宿舍	具有无线信号引入点
8	食堂	根据用户数量配备 AP
9	走廊	每 30m 配备 1 个 AP
10	室外	根据现场情况配备室外 AP 及天线

1.2.4 校园无线网系统建设要求

1. 基本要求

校园无线网络系统的建设将根据学校实际教育教学应用，实现各中小学校无线网络的全覆盖。

采用全网统一 SSID 模式或统一多 SSID 模式。

操场等室外空间根据需要配置室外 AP。

无线接入点 AP 设备应满足单节点 50 个终端的同时接入和服务能力，支持双频及负载均衡能力，上电启动后应自动接入网络，单终端接入下行数据速率不小于 1Mbps，AP 设备具备可扩展性。

2. 系统构成

中小学校园无线网采用瘦 AP 系统架构，主要由终端无线接入点 AP、POE 接入交换机、汇聚交换机、AC 组成，构成如下：

1）无线接入点 AP 千兆上连至 POE 接入交换机；

2）POE 接入交换机万兆上连至汇聚交换机；

3）每个学校配 AC 一台，与汇聚交换机进行万兆互连。

3. 系统功能、性能设计

1）网管功能：支持标准和开放的网络管理接口，如 SNMP、Syslog、HTTP、SSH（以上必选），TFTP（可选）等；支持标准和开放的管理信息库，如 802.11

MIB、802.3MIB 等；支持远程批处理软件下载及升级。

2）漫游支持：支持二层漫游；切换中保证业务不间断；支持三层跨子网漫游；支持 VLAN 内用户无缝漫游。

3）支持协议：支持 IEEE 802.11b/g/n/ac，STP（IEEE802.1d），IEEE802.3 等协议。

4）IP 地址设置：支持静态地址设置，手动设置 AP 地址，包括 IP（支持 IPv4 及 IPv6）、网关、子网掩码、DNS 等；支持 DHCP 自动获取地址。

5）对 AC 的支持：AP 入网后可自动搜索并连接对应的 AC。支持如下 AC 的发现方式：手动配置，二层 / 三层发现（包括：DHCP OPTION 43），通过 DNS 域名解析发现。

6）业务转发：同时支持以下业务转发方式：集中转发，本地转发；在本地转发模式下，当与 AC 连接中断后应能持续正常工作，不影响使用。且当恢复与 AC 连接时，仍然持续正常工作，不影响用户使用，不会出现重启服务终端等现象。

4. 系统安全性、可靠性

环境要求接地：接地电阻≤ 10Ω 时，AP 设备应能够正常工作。还需要满足在以下环境时能够正常工作的需求：

- 工作温度：环境温度 0～45℃时可正常工作。
- 工作湿度：相对湿度 10%～95%（非冷凝）时设备正常工作。
- 防雷特性：共模 1.5kV，差模 1.0kV。
- POE 供电：AP POE 符合 802.3at 标准，网线长度不超过 100m。
- ESD（静电放电）：空气放电 ±8kV，接触放电 ±6kV。

1.2.5 主要设备技术要求

1. AP 设备

总体要求：采用双路双频硬件设计，支持2.4G及双5G频段，支持2发2收；具备可靠计算与存储能力。产品满足 3C 认证。

1）产品形态：建议采用吸顶式内置天线。

2）支持用户数量：单 AP 同时终端设备接入数量≥ 50 台。

3）天线接口：建议主机自带不少于 2 个内置天线。

4）发射功率：发射功率可以通过软件配置和更改，且 AP 设备重启前后的发射功率设置必须一致。

5）物理接口：支持大于 1GE 电口；提供 100/1000M 以太网接口。

6）供电方式：支持 POE48Vdc 供电或支持直流 48V 供电模式。

7）基本功耗：不大于 15W。

8）可靠性：平均故障间隔时间（MTBF）≥ 10 万小时；AP 产品的可用度指标 ≥ 99.999%。

9）吞吐量：当 AP 覆盖的范围内仅有 1 个终端，为室内 AP 且 WLAN 终端无阻挡的传播环境下时系统吞吐量（TCP 模式）应达到如下要求：

- 在 802.11b 模式下，上下行吞吐量应 ≥ 5Mbps；
- 在 802.11g 模式下，上下行吞吐量应 ≥ 20Mbps；
- 在 802.11n 模式下（一条空间流），上下行吞吐量应 ≥ 45Mbps；
- 在 802.11n 模式下（两条空间流），上下行吞吐量应 ≥ 85Mbps；
- 覆盖半径：在满功率情况下，室内不小于 30m。

10）接入速率：50 台终端设备同时接入时，满足单台设备下行链路数据速率 ≥ 1Mbps。

2. POE 交换机

1）固定端口：24 × 10/100/1000BASE-T 以太网端口，4 × 1000 BASE-X SFP 光口。

2）交换容量：256Gbps，包转发率：78Mpps。

3）VLAN：支持 802.1Q（最大 4K 个 VLAN），支持基于协议的 VLAN，支持基于 MAC 的 VLAN。

4）电口属性：支持半双工、全双工、自协商工作模式。

5）系统管理：支持 Console/ Telnet/SSH 命令行配置，支持 FTP、TFTP 文件上下载管理，支持 SNMP V1/V2c/V3，支持系统工作日志。

6）支持 POE 功能，最大供电量（POE：370W）。

3. 汇聚交换机

1）结构、接口要求

- 模块化交换机，扩展模块插槽 ≥ 8 个；
- 双引擎、双电源；
- 交换容量 ≥ 80Tbps；
- 包转发率 ≥ 28Gpps；
- 10/100/1000 自适应电口 ≥ 48 口；

- 10/100/1000 SFP 光口≥72 口；

- 万兆接口数量≥8 口；

- Mini 多模光纤模块≥72 块。

2）功能需求

- VLAN 支持 4K 802.1Q VLAN；

- 链路聚合支持 LACP（802.3ad）。

4. 无线控制器 AC

1）可管理 AP 数≥128 个，最大可支持管理 1024 个 AP；

2）固化千兆电口数≥4；固化千兆光口数≥4 个，万兆接口数≥4 个；

3）支持冗余电源，802.11 转发性能≥40G；

4）支持本地认证功能，无需通过外置 Portal 服务器和 Radius 服务器认证；

5）支持 N+1 热备和 1+1 热备；

6）支持 MAC 认证、WEB 认证、802.1X 认证、WAPI 认证，认证后能实现 IP、MAC、WLAN 等元素的绑定，保证只有合法的用户才能进入网络；

7）支持手机短信获取 WLAN 接入密码实现安全认证；

8）支持对非法无线接入点进行探测，并对非法 AP 进行屏蔽；

9）支持与网管平台联动，有线、无线网络统一集中管理，集群化管理。

1.3 综合布线系统

1.3.1 综合布线系统概述

综合布线系统是一套用于连接各种终端设备的物理网络，是构建数字化校园必不可少的信息传输通道。它能将该校区的语音、数据、图像等终端设备相互连接起来，同时也可以通过传输网络使设备与外界各种通信数据网络连接，构成一个完整的智能化系统。综合布线系统由不同系列和规格的部件组成，包括传输介质、相关连接硬件（如配线架、连接器、插座、插头、适配器）及跳线等。

综合布线系统的建设标准应从各教育单位的实际需求出发，在满足各教育单位信息化系统基础点位建设要求的情况下，对校园内的信息点位进行合理的预留，以符合学校教育教学应用日益增多的使用需求。

综合布线系统应为开放式网络拓扑结构，能支持语音、数据、图像、多媒体业务等信息的传递。综合布线系统的建设内容包括校园内信息点位的预留，管、线、槽等路由的敷设。

1.3.2 综合布线系统参考技术标准（表1-5）

综合布线系统参考标准表　　　　　　　　　　　　表1-5

标准名称及编号	发布日期/实施日期	发布单位
《综合布线系统工程设计规范》GB 50311—2016	2016年8月26日发布 2017年4月1日实施	中华人民共和国住房和城乡建设部
《综合布线系统工程验收规范》GB/T 50312—2016	2016年8月26日发布 2017年4月1日实施	中华人民共和国住房和城乡建设部

1.3.3 综合布线系统建设标准规定一览表（表1-6）

综合布线系统建设标准规定一览表　　　　　　　表1-6

序号	功能标准	中学	小学
一	设计标准	六类	六类
		桌面千兆	桌面千兆
		主干万兆	主干万兆
二	房间类型		
1	教室	5（信息点）	5（信息点）
2	40m² 以下小办公室	6（信息点）	4（信息点）
3	40m² 以上大办公室	8（信息点）	6（信息点）
4	60m² 以下小会议室	6（信息点）	6（信息点）
5	60m² 以上大会议室	8（信息点）	8（信息点）
6	宿舍	2（信息点）	2（信息点）
7	食堂售饭区	1（信息点）/100人	1（信息点）/100人
8	风雨操场	8（信息点）	8（信息点）
		1（光纤）	1（光纤）
9	教学楼大厅	2（信息点）	2（信息点）
10	传达室	2（信息点）	2（信息点）
11	图书馆	4（信息点）	4（信息点）
12	学生活动区域	1（信息点）	1（信息点）
13	计算机教室	1（光纤）	1（光纤）
14	学校礼堂	1（光纤）	1（光纤）
15	听力考场	1（光纤）	1（光纤）
16	其他房间	4（信息点）	3（信息点）

1.3.4 综合布线系统建设要求

1. 基本要求

综合布线系统用于实现各教育单位信息化系统基础建设，实现高速网络数据传输并提供完善的布线服务。由于布线服务的对象是各种教育单位，确保网络的稳定性和高性能运转，减少网络误码率和故障率，变得尤为重要。因此，布线系统在设计上需满足以下技术要求：

1）符合最新、最成熟的国际标准，保证计算机网络高速、可靠的信息传输要求，具有高度灵活性、可靠性、综合性、易扩容性。

2）由于综合布线系统的长期使用与网络技术的不断发展的矛盾，在综合布线设计上，应充分考虑使用单位现在及未来的应用场景。采用模块化系统，支持万兆速率的数据传输。同时，保证向下兼容，支持以太网、高速以太网、令牌环网、ATM、FDDI、ISDN 等网络及应用。

综合布线系统设施及管线的建设，应纳入学校建筑与建筑群相应的规划设计之中。工程设计时，应根据工程项目的性质、功能、环境条件和近、远期用户需求进行设计，并应考虑施工和维护方便，确保综合布线系统工程的质量和安全，做到技术先进、经济合理。

综合布线系统应与信息设施系统、信息化应用系统、公共安全系统、建筑设备管理系统等统筹规划，相互协调，并按照各系统信息的传输要求优化设计。

综合布线系统作为建筑物的公用通信配套设施，在工程设计中应满足为多家电信业务经营者提供业务的需求。综合布线系统的设备应选用经过国家认可的产品质量检验机构鉴定合格的、符合国家有关技术标准的定型产品。

2. 系统构成

整个综合布线系统选用星型结构，自插座至楼层配线架，最后通过数据/语音主干线缆统一连接至设备间（BD），以便于集中式管理。从整体结构上，综合布线系统可分为 7 个部分：工作区子系统、配线子系统、干线子系统、建筑群子系统、设备间子系统、进线间子系统、管理子系统。

1）工作区子系统

设备的连接插座应与连接电缆的插头匹配，不同的插座与插头之间应加装适配器。

在连接使用信号的数模转换，光、电转换，数据传输速率转换等相应的装置时，采用相应适配器。

各种不同的终端设备或适配器均安装在工作区的适当位置，并应考虑现场的电源与接地。

安装在地面上的接线盒应防水和抗压；安装在墙面或柱子上的信息插座底盒、多用户信息插座盒及集合点配线箱体的底部离地面的高度宜为 300mm；每 1 个工作区至少应配置 1 个 220V 交流电源插座；工作区的电源插座应选用带保护接地的单相电源插座，保护接地与零线应严格分开。

2）配线子系统

配线子系统缆线应采用非屏蔽 4 对对绞电缆，在需要时也可采用室内多模光缆。

配线子系统缆线宜采用在吊顶、墙体内穿管或设置金属密封线槽及开放式（电缆桥架、吊挂环等）敷设。当缆线在地面布放时，应根据环境条件选用地板下线槽、网络地板、高架（活动）地板布线等安装方式。

缆线应远离高温和电磁干扰的场地。

管线的弯曲半径应符合表 1-7 的要求。

管线敷设弯曲半径表　　　　　　　　　　　　　　　　表 1-7

缆线类型	弯曲半径 (mm)／倍
2 芯或 4 芯水平光缆	>25mm
其他芯数和主干光缆	不小于光缆外径的 10 倍
4 对非屏蔽电缆	不小于电缆外径的 4 倍
室外光缆、电缆	不小于缆线外径的 10 倍

缆线布放在管与线槽内的管径与截面利用率，应根据不同类型的缆线做不同的选择。管内穿放大对数电缆或 4 芯以上光缆时，直线管路的管径利用率应不超过 60%，弯管路的管径利用率应为 40%～50%；管内穿放 4 对对绞电缆或 4 芯光缆时，截面利用率应为 25%～30%；布放缆线在线槽内的截面利用率应为 30%～50%。

综合布线电缆与电力电缆的间距应符合表 1-8 的规定。

综合布线系统缆线与配电箱、变电室、电梯机房、空调机房之间的最小净距宜符合表 1-9 的规定。

楼层安装的各个配线柜（架、箱）应采用适当截面的绝缘铜导线单独布线至就近的等电位接地装置，也可采用竖井内等电位接地铜排引到建筑物共用接地装

综合布线电缆与电力电缆的间距 表 1-8

类别	与综合布线接近状况	最小间距（mm）
380V 电力电缆 <2kV·A	与缆线平行敷设	130
	有一方在接地的金属线槽或钢管中	70
	双方都在接地的金属线槽或钢管中①	10
380V 电力电缆 2～5kV·A	与缆线平行敷设	300
	有一方在接地的金属线槽或钢管中	150
	双方都在接地的金属线槽或钢管中②	80
380V 电力电缆 >5kV·A	与缆线平行敷设	600
	有一方在接地的金属线槽或钢管中	300
	双方都在接地的金属线槽或钢管中②	150

综合布线缆线与电气设备的最小净距（m） 表 1-9

名称	最小净距	名称	最小净距
配电箱	1	电梯机房	2
变电室	2	空调机房	2

置，铜导线的截面应符合设计要求。

综合布线的电缆采用金属线槽或钢管敷设时，线槽或钢管应保持连续的电气连接，并应有不少于两点的良好接地。

3）干线子系统

干线子系统所需要的电缆总对数和光纤总芯数，应满足学校的实际需求，并留有适当的备份容量。

干线子系统主干缆线应选择较短的安全的路由。主干电缆宜采用点对点终接，也可采用分支递减终接。

在同一层若干电信间之间宜设置干线路由。

对于数据业务应以交换机群（按 4 个交换机组成 1 群）或以每个交换机设备设置 1 个主干端口配置。每 1 群网络设备或每 4 个网络设备宜考虑 1 个备份端口。主干端口为光端口时则按 2 芯光纤容量配置。

干线子系统垂直通道穿过楼板时宜采用电缆竖井方式，也可采用电缆孔、管槽的方式，电缆竖井的位置应上、下对齐。

4）建筑群子系统

建筑群配线设备宜安装在进线间或设备间，并可与入口设施或建筑物配线设备合用场地。

建筑群配线设备内、外侧的容量应与建筑物内连接建筑物配线设备的建筑群主干缆线容量及建筑物外部引入的建筑群主干缆线容量相一致。建筑群之间的缆线宜采用地下管道或电缆沟敷设方式，并应符合相关规范的规定。

5）设备间子系统

设备间位置应根据设备的数量、规模、网络构成等因素，综合考虑确定。

每幢建筑物内应至少设置1个设备间，如果电话交换机与计算机网络设备分别安装在不同的场地或根据安全需要，也可设置2个或2个以上设备间，以满足不同业务的设备安装需要。楼层设备间的数量应按所服务的楼层范围及工作区面积来确定。如果该层信息点数量不大于400个，水平缆线长度在90m范围以内，宜设置一个设备间；当超出这一范围时，宜设两个或多个设备间；每层的信息点数量数较少，且水平缆线长度不大于90m的情况下，宜几个楼层合设一个设备间。

建筑物综合布线系统与外部配线网连接时，应遵循相应的接口标准要求。

设备间宜处于干线子系统的中间位置，并考虑主干缆线的传输距离与数量；设备间宜尽可能靠近建筑物线缆竖井位置，有利于主干缆线的引入；设备间的位置宜便于设备接地；设备间应尽量远离高低压变配电、电机、X射线、无线电发射等有干扰源存在的场地；设备间室温度应为10～35℃，相对湿度应为20%～80%，并应有良好的通风；设备间内应有足够的设备安装空间，其使用面积不应小于10m²，该面积不包括程控用户交换机、计算机网络设备等设施所需的面积在内；设备间梁下净高不应小于2.5m，采用外开双扇门，门宽不应小于1.5m；设备间应防止有害气体（如氯、碳水化合物、硫化氢、氮氧化物、二氧化碳等）侵入，并应有良好的防尘措施。

机架或机柜前面的净空不应小于800mm，后面的净空不应小于600mm。

壁挂式配线设备底部离地面的高度不宜小于300mm。

设备间应提供不少于两个220V带保护接地的单相电源插座，但不作为设备供电电源。

设备间如果安装电信设备或其他信息网络设备时，设备供电应符合相应的设计要求。

主设备间内安装的建筑物配线设备干线侧容量应与主干缆线的容量相一致。设备侧的容量应与设备端口容量相一致或与干线侧配线设备容量相同。

设备间应与强电间分开设置，电信间内或其紧邻处应设置缆线竖井。

设备间的使用面积不应小于 $10m^2$，也可根据工程中配线设备和网络设备的容量进行调整。

综合布线系统应采用共用接地的接地系统，如单独设置接地体时，接地电阻不应大于 4Ω。如布线系统的接地系统中存在两个不同的接地体时，其接地电位差不应大于 1V。

6）进线间子系统

建筑群主干光缆等室外缆线进入建筑物时，应在进线间转换成室内光缆，并在缆线的终端处设置入口设施，入口设施中的配线设备应按引入光缆容量配置。

当电缆从建筑物外面进入建筑物时，应选用适配的信号线路浪涌保护器，信号线路浪涌保护器应符合设计要求。

7）管理子系统

综合布线系统工程宜采用计算机进行文档记录与保存，简单且规模较小的综合布线系统工程可按图纸资料等纸质文档进行管理，并做到记录准确、及时更新、便于查阅；文档资料应实现汉化。

综合布线的每一电缆、光缆、配线设备、端接点、接地装置、敷设管线等组成部分均应给定唯一的标识符，并设置标签。标识符应采用相同数量的字母和数字等标明。

电缆和光缆的两端均应标明相同的标识符。

设备间、电信间、进线间的配线设备宜采用统一的色标区别各类业务与用途的配线区。

所有标签应保持清晰、完整，并满足使用环境要求。

综合布线系统相关设施的工作状态信息应包括：设备和缆线的用途、使用部门、组成局域网的拓扑结构、传输信息速率、终端设备配置状况、占用器件编号、色标、链路与信道的功能和各项主要指标参数及完好状况、故障记录等，还应包括设备位置和缆线走向等内容。

3. 系统功能、性能设计

1）功能设计

综合布线系统中每个信息点需能够灵活应用，可随时转换接插电话或数据终端，并可随着用户的进一步应用需求，通过相应适配器或转换设备，满足电话、门禁、视频监控、有线电视以及多媒体会议电视等系统的传输应用。

综合布线具体支持以下系统:

(1)计算机网络系统

● 主干万兆多模光缆布线;

● 水平六类铜缆布线。

(2)电话系统

● 模拟电话系统:主干大对数铜缆布线,水平六类铜缆布线;

● IP电话系统:同网络布线。

2)性能设计

综合布线系统的相关设计指标需符合以下要求:

(1)回波损耗(RL)

只在布线系统中的C、D、E、F级采用,在布线的两端均应符合回波损耗值的要求,布线系统信道的最小回波损耗值应符合表1-10的规定。

回波损耗表　　　　　　　　　　　　　　　　　表1-10

频率(MHz)	最小回波损耗(dB)			
	C级	D级	E级	F级
1	15.0	17.0	19.0	19.0
16	15.0	17.0	18.0	18.0
100		10.0	12.0	12.0
250			8.0	8.0
600				8.0

(2)插入损耗值(IL)

布线系统信道的插入损耗值应符合表1-11的规定。

插入损耗表　　　　　　　　　　　　　　　　　表1-11

频率(MHz)	最大插入损耗(dB)			
	C级	D级	E级	F级
1	4.2	4.0	4.0	4.0
16	14.4	9.1	8.3	8.1
100		24.0	21.7	20.8
250			35.9	33.8
600				54.6

（3）近端串音（NEXT）

线对与线对之间的近端串音在布线的两端均应符合NEXT值的要求，布线系统信道的近端串音值应符合表1-12的规定。

近端串音表　　　　　　　　　　　　　　　　　　　表 1-12

频率（MHz）	最小近端串音（dB）			
	C 级	D 级	E 级	F 级
1	39.1	60.0	65.0	65.0
16	19.4	43.6	53.2	65.0
100		30.1	39.9	62.9
250			33.1	56.9
600				51.2

（4）近端串音功率和（PS NEXT）

近端串音功率和（PS NEXT）只应用于布线系统的D、E、F级，在布线的两端均应符合PS NEXT值要求，布线系统信道的PS NEXT值应符合表1-13的规定。

近端串音功率和表　　　　　　　　　　　　　　　　表 1-13

频率（MHz）	最小近端串音功率和（dB）			
	C 级	D 级	E 级	F 级
1	—	57.0	62.0	62.0
16	—	40.6	50.6	62.0
100		27.1	37.1	59.9
250			30.2	53.9
600				48.2

（5）衰减串音比（ACR）

线对与线对之间的衰减串音比（ACR）只应用于布线系统的D、E、F级，ACR值是NEXT与插入损耗分贝值之间的差值，在布线的两端均应符合ACR值要求。布线系统信道的ACR值应符合表1-14的规定。

衰减串音比表　　　　　　　　　　　　　　　　　　表 1-14

频率（MHz）	最小衰减串音比（dB）			
	C 级	D 级	E 级	F 级
1	—	56.0	61.0	61.0

频率（MHz）	最小衰减串音比（dB）			
	C 级	D 级	E 级	F 级
16	—	34.5	44.9	56.9
100		6.1	18.2	42.1
250			−2.8	23.1
600				−3.4

（6）ACR 功率和（PS ACR）

ACR 功率和为近端串音功率和值与插入损耗值之间的差值。布线系统信道的 PS ACR 值应符合表 1-15 规定。

ACR 功率和表　　　　　　　　　　表 1-15

频率（MHz）	最小 ACR 功率和（dB）			
	C 级	D 级	E 级	F 级
1	—	53.0	58.0	58.0
16	—	31.5	42.3	53.9
100		3.1	15.4	39.1
250			−5.8	20.1
600				−6.4

（7）等电平远端串音（ELFEXT）

线对与线对之间等电平远端串音（ELFEXT）对于布线系统信道的数值应符合表 1-16 的规定。

等电平远端串音表　　　　　　　　　表 1-16

频率（MHz）	最小等电平远端串音（dB）			
	C 级	D 级	E 级	F 级
1	—	57.4	63.3	65.0
16	—	33.3	39.2	57.5
100		17.4	23.3	44.4
250			15.3	37.8
600				31.3

（8）等电平远端串音功率和（PS ELFEXT）

等电平远端串音功率和对于布线系统信道的数值应符合表 1-17 的规定。

等电平远端串音功率和表 表 1-17

频率（MHz）	等电平远端串音功率和（dB）			
	C 级	D 级	E 级	F 级
1	—	54.4	60.3	62.0
16	—	30.3	36.2	54.5
100		14.4	20.3	41.4
250			12.3	34.8
600				28.3

（9）直流环路电阻

布线系统信道的直流环路电阻应符合表 1-18 的规定。

直流环路电阻表 表 1-18

最大直流环路电阻（Ω）					
A 级	B 级	C 级	D 级	E 级	F 级
560	170	40	25	25	25

1.3.5 主要设备技术要求

1. 插座模块

插座面板分为单口和双口两种类型。信息插座可为 RJ45 类型插座，模块使用六类模块，能够连接常规 4、6、8 芯插头，24AWG 实芯配线。所有信息插座的配线工作应符合 EIA/TLA T568B 的配置要求，符合 UL 认证等级的热塑性塑料的材质。

1）符合最新的 ISO/IEC 11801 和 IEC 603-7 的规范。

2）数据传输速率：符合 IEEE802.3 1000Mbps，1GBASE-T 和 1GBASE-TX 的规范。依照 ANSI X3T9.5 规范要求，完全支持 100m 内非屏蔽对绞线或以上的 100Mbps 对绞线介质传送模式。适用于 IEEE802.5 16Mbps 令牌网。

3）绝缘电阻：最小 500MΩ。

4）绝缘耐压 1000V AC 电压有效值，最小 60Hz，点对点 1500V AC 电压有效值，明线介质最小 60Hz。

5）触点电阻：最大 20MΩ。

6）电流强度：根据国际电工委员会（IEC）标准 512-3，环境温度 20℃，5b 测试，1.5A。

光模块需选用 SC、LC 等标准连接器件，确保模块与固定的线缆配合时，有极好的电气性能。

2. 线缆

1）数据水平线缆全部选六类非屏蔽双绞线，能够支持高宽带应用。

2）具备 UL 第三方独立试验室的认证。

3）全满足 ISO/IEC 11801：TIA/EIA 568B 的六类标准要求。

4）光缆采用 8 芯或 8 芯以上多模光缆。

3. 配线架

铜缆配线架选用 24 口六类配线架；光系统配线架采用 24/48 口光纤配线架。语音配线架可选用 110 配线架。

4. 跳线

数据跳线选用 RJ45-RJ45 跳线，3m，支持千兆应用；光纤跳线选用双工跳线，3m，支持 10G 以太网应用，模块根据系统统一配置，如 SC、LC。

1.4 机房工程系统

1.4.1 机房工程概述

机房是指建筑内为各弱电系统主机设备、计算机、通信设备、控制设备、综合布线系统设备及其相关的配套设施提供安装设备、系统正常运行的建筑空间。根据机房所处行业领域的重要性、经济性等，《数据中心设计规范》GB 50174—2017 将机房从高到低划分为 A、B、C 三级，中小学校机房属于 C 类机房，按照 C 类机房进行设计。

1.4.2 机房工程参考技术标准（表 1-19）

机房工程参考标准表

表 1-19

标准名称及编号	发布日期 / 实施日期	发布单位
《数据中心设计规范》GB 50174—2017	2017 年 5 月 4 日发布 2018 年 1 月 1 日实施	中华人民共和国住房和城乡建设部，中华人民共和国国家质量监督检验检疫总局
《数据中心基础设施施工及验收规范》GB 50462—2015	2015 年 12 月 3 日发布 2016 年 8 月 1 日实施	中华人民共和国住房和城乡建设部，中华人民共和国国家质量监督检验检疫总局

1.4.3 机房工程建设标准规定一览表（表1-20）

机房工程建设标准规定一览表   表1-20

序号	学校类型	建设要求
1	中学	每个学校原则上只配备一个主机房，整个校园只配备一个机房已无法满足学校实际使用需求的情况下，可以在其他教学楼设分机房。
2	小学	学校主机房面积应不低于18m²，分机房是指按照相关标准能够放置1个或1个以上42U标准机柜的机房

1.4.4 机房工程建设要求

1. 基本要求

每个学校原则上只配备一个主机房，用于放置学校所有的交换、存储、主机、UPS等设备。当学校教学楼较多，整个校园只配备一个机房已无法满足学校实际使用需求的情况下，可以在其他教学楼设分机房。其他面积过小的设备间可根据学校实际情况设计、施工。

各学校主机房和分机房按照C类机房需求配置，在场地设施正常运行情况下，应保证信息化系统运行不中断。

机房宜设置在建筑首层，进出线应方便，不应设在厕所、浴室、厨房或其他经常积水场所的正下方，不应与强磁场场所相贴邻。采用机房专用空调的主机房，应具备安装室外机的建筑条件。

学校主机房面积应不低于18m²，分机房是指按照相关标准能够放置1个或1个以上42U标准机柜的机房。机房净高应根据机柜高度及通风要求确定，且不宜小于2.6m。变形缝不应穿过机房。

2. 系统构成

根据中小学的实际情况，学校机房工程内容包括机房装修、电气工程、机房空调、机房环境监控系统、机房安防系统。

各子系统包括内容如下：

1）机房装修，包括机房吊顶、地板、墙面；

2）机房电气工程，包括供配电、UPS、照明、防雷接地等；

3）机房空调系统；

4）机房环境监控系统，包括机房温湿度、漏水检测等；

5）机房安防系统，包括机房门禁、监控。

3. 系统功能、性能设计

1）机房装修

（1）机房吊顶

核心机房采用微孔铝制顶棚，具有良好吸声性能、表面平整、漆面坚固的铝合金材料；吊顶龙骨坚固持久，抗腐蚀不变形，具有良好的吸引效果，色泽柔和，不产生眩光，符合防火要求。

（2）机房地板

机房地面应铺设活动地板。活动地板应符合现行国家标准的要求。敷设高度应按实际需要确定。

● 机房工程的技术施工中，机房地面工程是一个很重要的组成部分。机房地板一般采用抗静电活动地板。活动地板具有可拆卸的特点，因此，所有设备的导线电缆的连接、管道的连接及检修更换都很方便。活动地板下空间可作为走线桥架的隐蔽空间。

● 活动地板下的地表面需进行防潮处理（如刷防潮漆等）。若活动地板下空间作为机房空调送风风库，活动地板下地面还需做地台保温处理，保证在送冷风的过程中地表面不会因地面和冷风的温差而结露。

● 活动地板的种类较多，根据地板基材、材料不同，可分为铝合金、全钢、复合木质刨花板等。地板表面则粘贴抗静电贴面，如粘贴 HPL、PVC、地板砖、大理石等。活动地板的不同选择直接影响机房的档次。不同质量的地板使用后，机房的效果大不一样。一般情况下，采用全钢防静电地板。

● 防静电活动地板采用优质合金冷轧钢板，经拉伸后点焊成形。外表经磷化后进行喷塑处理，内腔填充发泡填料，上表面粘贴高耐磨的防静电贴面。横梁采用优质管钢，四周无焊缝，整体做镀锌防腐处理。支架上托、下托采用模具一次冲压成型，套管采用无缝钢管，整体做镀锌防腐处理。

● 地板应美观、耐用、防火、防滑、抗压、耐磨、耐腐蚀、防水、防渗透、无辐射、环保、卫生、易于施工，是一种永久性防静电地板。不受环境影响，通体都具有永久、稳定的防静电性能。承载能力强：均布载荷大于 $1000kg/m^2$。尺寸精度高、互换性好、组装灵活、维修方便。系统由地板、横梁、支座组成。横梁和自身高度可调的支座用螺钉连接成稳固的下部支承系统，地板镶嵌入横梁围成的方格内。机房与外界连接的墙体或隔断的缝隙区、管线槽接口处均要封实，机房桥架、管路与外界连接处逐一检查封堵，拆除未用和闲置的管路。

（3）机房墙面

机房墙柱需刷防尘漆，保持机房环境清洁、不起尘。

2）机房电气工程

（1）机房配电及 UPS

学校主机房需进行独立供电，供电量不低于 25kW。

学校需为安防、校园网、城域网等系统设备配备在线式 UPS，保障校园网交换机、服务器等设备的使用，后备时间不低于 30min。

学校应在机房配电箱或其他合适位置预留油机接口。

（2）机房照明

● 机房普通照明

机房普通照明的布局应结合机房美观、位置重要性和设备位置需要来布局。从机房美观的角度来考虑，灯具的布局应均匀布置，即纵横方向保持一定距离，并根据机房的面积情况确定灯具的方向；从位置的重要性考虑，灯具应根据该位置的性质和作用来确定来布置以达到更好的效果，同时设备的位置也需要考虑避免阴影、便于维护等因素。

机房灯具宜选择无启辉器或电子镇流器的灯具，带灯片、防眩光的灯具，整体装饰性好的灯具，发光效率高的灯具。

机房灯具建议采用与吊顶配套的反射式高档电镀格栅式日光灯组，规格为 600mm × 1200mm、3 × 36W 嵌入式格栅灯盘，其中一条照明回路采用 UPS 供电。

● 机房应急照明

机房照明系统应考虑应急照明系统。应急故障照明一般采取两种方案：一种是将照明电路中的一路由 UPS 供电，在停电时由 UPS 提供照明；另一种方案是采用 15min 后备蓄电池的应急日光灯，应急照明平均照明度为 60lx。照明供电一般由市电供电，当市电停止时才转入应急供电系统。建议采用应急 UPS 供电方式。

（3）防雷接地

机房接地系统的设置应满足人身安全、设备安全及电子信息系统正常运行的要求。

机房交流功能接地、保护接地、直流功能接地、防雷接地等各种接地宜共用接地网，接地电阻按其中最小值确定。

机房内应设接地干线和接地端子箱。

当各系统共用接地网时，宜将各系统分别采用接地导体与接地网连接。

机房保护地线的接地电阻值单独设置接地体时应小于 4Ω；采用联合接地体时，接地电阻值应小于 1Ω。

机房中各种传输线路端口分别安装与之适配的浪涌保护器。

3）机房空调系统

机房空调的任务是为保证计算机系统能够连续、稳定地运行。一个整体的计算机空调系统设计，需要综合考虑房间的布局和功能划分。

为了在满足机房的制冷需求，同时最大限度地降低投资成本，应根据机房功能区域的需要设计空调系统。

在计算空调负荷时，要考虑以下损失因素：

● 机房内设备的散热；

● 建筑围护结构传热；

● 通过外窗进入的太阳辐射热；

● 人体散热；

● 照明装置散热；

● 伴随各种散湿过程产生的潜热；

● 考虑各种因素，中小学校机房制冷量应不低于 12.5kW。

4）机房环境监控系统

机房环境监控系统可实时监测到学校机房的相关环境数据，并对相关设备进行配置和管理。这些数据信息包括机房温湿度、空调漏水检测等机房环境信息、机房门禁状态及配置信息、机房视频监控图像信息、机房防盗报警信息等。

5）机房安防系统

机房需安装门禁控制设备。紧急情况时，门禁系统应能受相关系统的联动控制而自动释放电子锁。

机房内应安装高清红外摄像机，对机房进行全覆盖，并实现 7×24h 高清视频监控，监控视频保存时间不低于 30d。

在机房内需配置红外双鉴探测器。报警信号应纳入学校安防系统及机房环境监控系统。

1.4.5 主要设备技术要求

1. 顶棚

1）铝合金微孔顶棚，规格为 600mm×600mm×1.0mm。要求造型规整、简洁，视觉效果协调、美观，要求安装方式为卡装。

2）所用吊顶杆做防锈处理。

3）采用抗变形设计，吊顶板的吊杆单独与楼顶板固定，吊顶内其他管道之间独立固定。

4）在可能漏水的位置做防水处理。

2. 防静电地板

1）600mm×600 mm×35mm 全钢无边防静电活动地板。

2）地板耐用、阻燃、隔声，采用配套支架，组装灵活，互换性好，便于维修。

3）地板架空高度为300mm，抗静电活动地板支架与地面均做锚固处理，地板与四周啮合性好。

3. 空调

学校 C 类机房一般都是采用壁挂或柜式空调，大型学校或者集团校总部另行考虑。

1）制冷量不低于 7200W；

2）功率不低于 2250W；

3）室内噪声值不高于 48dB。

4. 机柜

1）19 英寸 42U 标准机柜。

2）SPCC 优质冷轧钢板制作。

3）荷载质量：静载 1000kg。

4）高通风率网孔前门、双开网孔后门。

5）满足机械保护、通风散热和外部观察机器运行状态三方面的需求。

6）底部满足敞开式进线，可加装可关闭的盖板。

1.5 视频安防监控系统

1.5.1 视频安防监控概述

近几年，校园霸凌和一些意外伤害事件的频繁发生让家长和学校防不胜防，也为青少年的健康成长带来了不和谐的音符。因此，在学校建立一套有效的安全防范系统，杜绝校园内的安全隐患，成了家长和学校亟待解决的问题。视频安防监控系统建设主要采用数字安防技术，配备前端设备、图像存储设备、图像管理控制设备等将学校安防监控的重点部位进行全覆盖，达到规范要求的覆盖范围。

1.5.2 视频安防监控系统参考技术标准（表1-21）

视频安防参考标准表　　　　　　　　　　　　表1-21

标准名称及编号	发布日期/实施日期	发布单位
《中小学、幼儿园安全技术防范系统要求》GB/T 29315—2012	2012年12月31日发布 2013年6月1日实施	中华人民共和国国家质量监督检验检疫总局
《安全防范工程技术标准》GB 50348—2018	2018年5月14日发布 2018年12月1日实施	住房和城乡建设部、国家市场监督管理总局
《公共安全视频监控联网系统信息传输、交换、控制技术要求》GB/T 28181—2016	2016年7月12日发布 2016年8月1日实施	中华人民共和国国家质量监督检验检疫总局、中国国家标准化管理委员会

1.5.3 校园安防监控系统建设标准规定一览表（表1-22）

校园安防建设标准规定一览表　　　　　　　表1-22

序号	功能标准	小学	中学
1	系统要求	1. 采用分辨率不低于1080P红外高清数字摄像机	
		2. 实现本地图像管理及远程调阅	
		3. 视频图像本地保存不少于30d	
		4. 为视频采集、图像传输以及存储设备提供不少于1h后备电源	
		5. 室外摄像机具备防雷保护措施	
		6. 在学校室内重要位置安装入侵报警系统；在校园外墙上安装周界报警系统	

序号	功能标准	小学	中学
1	系统要求	7. 图像宜采用专用的有线或无线传输网络进行传输,同时做好安全管理和采用加密措施进行保护	
		8. 系统的其他功能要求应符合国家标准《安全防范工程技术标准》GB 50348—2018 中 6.4.5 条的功能要求	
	建设位置	校园内一类部位建设标准	
1	主大门口	配备不少于 2 个高清红外球形摄像机;一台安装于校门内,一台安装于校门外;其余按情况配置,主大门口内外情况全覆盖。校门外不少于 5 台摄像机	
2	其他大门口	配备 1 个高清红外摄像机	
3	室外停车场	按需配置,确保停车场区域全覆盖	
4	室外操场	200m 标准操场配备 2 个高清红外球形摄像机;400m 标准操场配备 3 个高清红外摄像机;其他规格操场按情况配置,确保活动场所全覆盖	
5	活动区	每个室内外活动区域配备 1 个高清红外摄像机	
6	各建筑物出入口	配备 1 个高清红外摄像机	
7	能上人房顶出入口	配备 1 个高清红外摄像机	
8	风雨操场、食堂就餐区	配备高清红外球形摄像机,确保监视区域全覆盖	
9	食堂操作间	每区域配备 1 个高清红外防油污摄像机	
10	食品储藏室	每区域配备 1 个高清红外防油污摄像机	
	建设位置	校园内二类部位建设标准	
1	围墙	每 50m 配备 1 个高清红外摄像机	
2	室外通道	每 50m 配备 1 个高清红外摄像机	
3	楼层大厅	配备 1 个高清红外摄像机	
4	所有楼道	每个楼道不少于 2 个高清红外摄像机,每超过 50m 增加 1 个高清红外摄像机	
5	楼梯口	配备 1 个高清红外摄像机	
6	电梯口	配备 1 个高清红外摄像机	
7	电梯内	配备 1 个高清红外摄像机	
8	重要设备区域	配备 1 个高清红外摄像机	

1.5.4 视频安防监控系统建设要求

1. 基本要求

视频安防监控系统中使用的设备必须符合国家法律法规和现行强制性标准的要求,并经法定机构检验或认证合格。系统兼容性应满足设备互换性要求,系统可扩展性应满足简单扩容和集成的要求。校园视频安防监控系统实行 24h 全天候监控，视频图像上传至相关主管部门（市教委、市公安分局等），严禁学校擅自更改视频或关闭上传图像。

对校园视频安防监控系统，各学校还应做好以下管理工作：

1）学校不得擅自改变视频安防监控信息系统的用途和摄像设备的位置。

2）学校须对监控系统所拍摄内容进行严格管理，不得任意公开。

3）学校应建立图像信息使用登记制度，对图像信息的录制人员、调取时间、调取用途等事项进行登记，做好安防数据备份工作。对出现的可疑问题或关键数据，做好数据备份，不得擅自删改、破坏留存期限内图像信息的原始数据记录。

4）学校须建立值班监看制度，做好每日的安防监控工作记录。

5）学校在进行校园改造、装修、基础建设工作时，要保证安防设备的安全有效；学校应随时接受上级主管部门的检查与有关资料的调用；学校需建立突发情况的应急预案。

2. 系统构成

视频安防监控系统包括前端设备、数据交换传输系统、处理/控制系统和记录/显示系统四部分：

1）前端设备包括：摄像机、镜头、云台、防护罩、拾音器等。

2）数据交换传输系统包括：传输线缆、交换机、路由器、中继、光纤转换器。

3）处理/控制系统包括：数字解码控制器、管理终端服务器、多媒体计算机、监控网络管理平台等。

4）记录/显示系统包括：硬盘录像机、磁盘阵列、显示器等。

3. 系统功能、性能设计

视频安防监控系统应对需要进行监控的建筑物内（外）的主要公共活动场所、通道、电梯（厅）、重要部位和区域等进行有效的视频探测与监视，图像显示、记录与回放。

1）前端设备

前端设备的最大视频（音频）探测范围应满足现场监视覆盖范围的要求，摄像机灵敏度应与环境照度相适应，监视和记录图像效果应满足有效识别目标的要求，安装效果宜与环境相协调。系统的信号传输应保证图像质量、数据的安全性和控制信号的准确性。视频监控系统前端图像采集设备需采用红外高清数字摄像机，特殊场合如厨房操作间需配置防油污摄像机，化学试验室等需防爆摄像机，对必要的监视区域应增加补光设备，以便红外摄像机能够更好地捕获视频图像。

2）数据交换传输系统

传输设备的选型与设置除应符合现行国家标准《安全防范工程技术标准》GB
50348—2018 的相关规定外，还要符合下列规定：

（1）传输设备应确保传输带宽、载噪比和传输时延满足系统整体指标的要求，接口应适应前后端设备的连接要求。

（2）传输设备应有自身的安全防护措施，并宜具有防拆报警功能；对于需要保密传输的信号，设备应支持加 / 解密功能。

（3）传输设备应设置于易于检修和保护的区域，并宜靠近前 / 后端的视频设备。

3）处理 / 控制系统

（1）系统应能手动或自动操作，支持对摄像机、云台、镜头、防护罩等的各种功能进行遥控，控制效果平稳、可靠。

（2）系统应能手动切换或编程自动切换，对视频输入信号在指定的监视器上进行固定或时序显示，切换图像显示重建时间应能在可接受的范围内。

（3）系统应具有系统信息存储功能，在供电中断或关机后，对所有编程信息和时间信息均应保持。

（4）辅助照明联动应与相应联动摄像机的图像显示协调同步。

（5）同时具有音频监控能力的系统宜具有视频音频同步切换的能力。

（6）需要多级或异地控制的系统应支持分控的功能。

（7）前端设备对控制终端的控制响应和图像传输的实时性应满足安全管理要求。

4）记录 / 显示系统

监视图像信息和声音信息应具有原始完整性。系统应保证对现场发生的图像、声音信息的及时响应，并满足管理要求。图像记录功能应符合下列规定：

（1）记录图像的回放效果应满足资料的原始完整性，视频存储容量和记录 / 回放带宽与检索能力应满足管理要求。

（2）系统应能记录下列图像信息：发生事件的现场及其全过程的图像信息；预定地点发生报警时的图像信息；用户需要掌握的其他现场动态图像信息。系统记录的图像信息应包含图像编号 / 地址、记录时的时间和日期。对于重要的固定区域的报警录像宜提供报警前的图像记录。

（3）根据安全管理需要，系统应能记录现场声音信息。系统监视或回放的图像应清晰、稳定，显示方式应满足安全管理要求。显示画面上应有图像编号 / 地址、时间、日期等。文字显示应采用简体中文。电梯轿厢内的图像显示宜包含电梯轿厢所在楼层信息和运行状态的信息。具有视频移动报警的系统，应能任意设置视频警戒区域和报警触发条件

（4）系统应具有与其他系统联动的接口。当其他系统向视频系统给出联动信号时，系统能按照预定工作模式，切换出相应部位的图像至指定监视器上，并能启动视频记录设备，其联动响应时间不大于 4s。

1.5.5 主要设备技术要求

1. 前端设备

1）主要前端设备选型要求

（1）球型摄像机

像素不低于 200 万；

输出分辨率支持 1920×1080@25fps；

红外距离可达 200m；

支持 10 倍光学变焦；支持 DC12V 和 POE 供电，且在≥DC12V±30% 范围内变化时可以正常工作；

信噪比≥60dB，网络延时≤100ms。

（2）红外枪机摄像头

像素不低于 200 万；

分辨率支持 1920×1080@25fps；

支持多码流技术；

支持 H.264、MJPEG 等主流视频编码格式；

IP67 防尘防水等级；

1 个 RJ-4510M/100M/1000M 自适应网络接口；

支持 DC12V 和 POE 供电，且在≥DC12V±30% 范围内变化时可以正常工作。

（3）广角摄像头

像素：不低于 200 万；

分辨率：不低于 1080P；

视场角：垂直，不低于 90°；水平，不低于 170°；

红外照射距离：30m；

自动增益：摄像机应具有自动增益控制功能，使视频信号随目标亮度的变

化自动调整视频输出。视频压缩标准 H.265/H.264/MJPEG，具备 HighProfile 编码能力；

　　主码流支持：50Hz：25fps（1920×1080，1280×960，1280×720）；

　　子码流支持：50Hz：25fps（704×576，640×480，352×288）；

　　网络接口：一个 RJ45、10M/100M 自适应以太网接口，符合 IEEE802.3 标准；

　　电源：电源供应 DC12V 上下浮动 10%～15% 可正常工作，支持 POE（802.3af）；

　　防护等级：IP67；

　　报警：常规报警、遮挡报警，网络断开，IP 地址冲突，非法登录，存储器满，存储器错误。

　　为确保系统总体功能和总体技术指标，摄像机选型要充分满足监视目标的环境照度、安装条件、传输、控制和安全管理需求等因素的要求。

　　视频监控系统前端图像采集设备需采用红外高清数字摄像机，特殊场合如厨房操作间需配置防油污摄像机，化学试验室需配置防爆摄像机，对必要的监视区域应增加补光设备，以便红外摄像机能够更好地捕获视频图像。

　　包括前端摄像机、存储、交换等设备在内的整个视频监控系统需采用 UPS 集中供电模式，后备时间 1h。室外摄像机需配备二合一防雷设备。

　　应根据现场环境照度变化情况，选择适合的宽动态范围的摄像机；监视目标的照度变化范围大或必须逆光摄像时，宜选用具有自动电子快门的摄像机。

　　摄像机镜头安装宜顺光源方向对准监视目标，并宜避免逆光安装；当必须逆光安装时，宜降低监视区域的光照对比度或选用具有帘栅作用等具有逆光补偿的摄像机。摄像机的工作温度、湿度应适应现场气候条件的变化，可采用适应环境条件的防护罩。

　　摄像机应有稳定、牢固的支架：摄像机应设置在监视目标区域附近不易受外界损伤的位置，设置位置不应影响现场设备运行和人员正常活动，同时保证摄像机的视野范围满足监视的要求。设置的高度，室内距地面不宜低于 2.5m；室外距地面不宜低于 3.5m。室外如采用立杆安装，立杆的强度和稳定度应满足摄像机的使用要求。

　　2）镜头的选型与设置

　　用于固定目标监视的摄像机可选用固定焦距镜头，监视目标离摄像机距离较大时，可选用长焦镜头；在需要改变监视目标的观察视角或视场范围较大时，应选用变焦距镜头；监视目标离摄像机距离近且视角较大时，可选用广角镜头。

监视目标环境照度恒定或变化较小时宜选用手动可变光圈镜头。

监视目标环境照度变化范围高低相差达到 100 倍以上，或昼夜使用的摄像机应选用自动光圈或遥控电动光圈镜头。

变焦镜头应满足最大距离的特写与最大视场角观察需求，并宜选用具有自动光圈、自动聚焦功能的变焦镜头。变焦镜头的变焦和聚焦响应速度应与移动目标的活动速度和云台的移动速度相适应。

3）云台 / 支架的选型与设置

根据使用要求选用云台 / 支架，并与现场环境相协调。监视对象为固定目标时，摄像机宜配置手动云台即万向支架。监视场景范围较大时，摄像机应配置电动遥控云台，所选云台的负荷能力应大于实际负荷的 1.2 倍；云台的工作温度、湿度范围应满足现场环境要求。

云台转动停止时应具有良好的自锁性能，水平和垂直转角回差不应大于 1°。云台的运行速度（转动角速度）和转动的角度范围，应与跟踪的移动目标和搜索范围相适应。室内型电动云台在承受最大负载时，机械噪声的声强级不应大于 50dB。

根据需要可配置快速云台或一体化遥控摄像机（含内置云台等）。

4）防护罩的选型与设置

根据使用要求选用防护罩，并应与现场环境相协调。防护罩尺寸规格应与摄像机、镜头等相配套。

2. 数据交换传输系统

接入交换机：

固定端口：24 × 10/100/1000BASE-T 以太网端口，4 × 1000 BASE-X SFP 光口。

交换容量：256Gbps，包转发率：78Mpps。

VLAN：支持 802.1Q（最大 4K 个 VLAN），支持基于协议的 VLAN，支持基于 MAC 的 VLAN。

电口属性：支持半双工、全双工、自协商工作模式。

系统管理：支持 Console/Telnet/SSH 命令行配置，支持 FTP、TFTP 文件上下载管理，支持 SNMP V1/V2c/V3，支持系统工作日志。

支持 POE 功能，POE 最大供电量 370W。

数据交换传输设备的选型与设置除应符合现行国家标准《安全防范工程技术

标准》GB 50348—2018 的相关规定外，还要符合下列规定：

1）传输设备应确保传输带宽、载噪比和传输时延满足系统整体指标的要求，接口应适应前后端设备的连接要求。

2）传输设备应有自身的安全防护措施，并宜具有防拆报警功能；对于需要保密传输的信号，设备应支持加/解密功能。

3）传输设备应设置于易于检修和保护的区域，并宜靠近前/后端的视频设备。

3. 处理控制系统

视频切换控制设备的选型应符合以下规定：

1）视频切换控制设备的功能配置应满足使用和冗余要求。

2）视频输入接口的最低路数应留有一定的冗余量。

3）视频输出接口的最低路数应根据安全管理需求和显示、记录设备的配置数量确定。

4）视频切换控制设备应能手动或自动操作，对镜头、电动云台等的各种动作（如转向、变焦、聚焦、光圈等动作）进行遥控。

5）视频切换控制设备应能手动或自动编程切换，对所有输入视频信号在指定的监视器上进行固定或时序显示。

6）视频切换控制设备应具有配置信息存储功能，在供电中断或关机后，对所有编程设置、摄像机号、地址、时间等均可记忆，在开机或电源恢复供电后，系统应恢复正常工作。

7）视频切换控制设备应具有与外部其他系统联动的接口。当与报警控制设备联动时应能切换出相应部位摄像机的图像，并显示记录。

8）具有系统操作密码权限设置和中文菜单显示。

9）具有视频信号丢失报警功能。

10）当系统有分控要求时，应根据实际情况分配控制终端如控制键盘及视频输出接口等，并根据需要确定操作权限功能。

11）宜采用多媒体技术，做到文字、动态报警信息、图表、图像、系统操作在同一套计算机上完成。

4. 记录/显示系统

视频监控系统采用 7×24h 录像方式，视频存储设备数量需根据摄像机的数量进行设计，每路图像按照 4Mbps 码流进行计算，图像存储时间不低于 30d。

1）记录系统

高清接入，至少支持 640M 输入带宽，至少支持 256 路高清网络视频接入；支持 800W 像素高清网络视频的预览、存储与回放；支持接驳符合 ONVIF、PSIA 及众多主流厂商的网络摄像机。

高清显示：可扩展不少于 6 个 HDMI 输出，支持不少于 24 路 1080P 高清预览。支持不少于 24 个 SATA 接口。

支持 IPC（IP Camera）集中管理，包括 IPC 参数配置、信息的导入/导出、语音对讲和升级等功能。

支持 HDMI 与 VGA 同时输出，输出分辨率最高 1920×1080P。

支持 IPC 场景变更侦测、区域入侵侦测、音频异常侦测、虚焦侦测、移动侦测、人脸侦测等多种智能侦测接入与联动，支持智能搜索、回放及备份功能，有效提高录像检索与回放效率。支持即时回放功能，在预览画面下对指定通道的当前录像进行回放，不影响其他通道预览。

记录与回放设备的选型与设置还应符合以下规定：

（1）宜选用数字录像设备，并宜具备防篡改功能；其存储容量和回放的图像（和声音）质量应满足相关标准和管理使用要求。

（2）录像设备应具有联动接口。

（3）在录像的同时需要记录声音时，记录设备应能同步记录图像和声音，并可同步回放。

（4）图像记录与查询检索设备宜设置在易于操作的位置。

2）显示设备

显示设备的选型与设置应符合以下规定：

（1）选用满足现场条件和使用要求的显示设备。

（2）显示设备的清晰度不应低于摄像机的清晰度。

（3）操作者与显示设备屏幕之间的距离宜为屏幕对角线的 4～6 倍，显示设备的一般为台式计算机，配备不小于 20 寸显示器。根据实际要求，可选用大屏幕显示设备等。

（4）显示设备的数量，由实际配置的摄像机数量和管理要求来确定。

（5）在满足管理需要和保证图像质量的情况下，可进行多画面显示（除显示器外，还可根据需求配备挂墙大屏）。当学校摄像机数量不高于 64 路时，在监控室配 42 寸液晶监视器一台及相关配套设备，保证 16 分割图像显示功能。学校摄像机数量高于 64 路时，宜在学校监控室配置一套 2×2 电视墙，包括 4 台不小于 42 寸液晶显示设备及相关配套设备。

（6）显示设备的设置位置应使屏幕不受外界强光直射。当有不可避免的强光入射时，应采取相应避光措施。

（7）显示设备的外部调节旋钮 / 按键应方便操作。

（8）显示设备的设置应与监控中心的设计统一考虑，合理布局，方便操作，易于维修。

1.6 出入口控制系统

1.6.1 出入口控制系统概述

出入口控制系统是利用自定义符识别或模式识别技术对出入口目标进行识别并控制出入口执行机构启闭的电子系统或网络，主要分为出入查验控制、电子锁门禁控制、门锁。

门禁联网工作，可实时监控门禁控制器工作状态，也可脱网工作，明确记录每次打卡开门情况，联网时传回主机。控制器完成采集和处理读卡器读取的数据并下达开关门命令等操作；并与管理软件通信，把信息上传到电脑的数据库，各控制器应设有可靠的单片 /ARM 机，可保证即使管理中心出现故障时也能独立工作。

每次开门记录均可明确分为合法开门、非法开门和试图开门等详细情况，以备管理人员随时查询；完善的授权认证机制，各类持卡人员进行有效的出入控制；卡片采用三级加密认证方式，无法伪造。因此，出入控制系统可以有效地保证师生的安全。

1.6.2 出入口控制系统参考技术标准（表 1-23）

出入口控制系统参考标准表 表 1-23

标准名称及编号	发布日期 / 实施日期	发布单位
《中小学、幼儿园安全技术防范系统要求》GB/T 29315—2012	2012 年 12 月 31 日发布 2013 年 6 月 1 日实施	中华人民共和国国家质量监督检验检疫总局、中国国家标准化管理委员会
《出入口控制系统工程设计规范》GB 50396—2007	2007 年 3 月 21 日发布 2007 年 8 月 1 日实施	建设部、国家质量监督检验检疫总局

1.6.3　出入口控制系统建设标准规定一览表（表1-24）

出入口控制系统建设标准规定一览表　　　　　表1-24

序号	建设位置	中小学
1	大门口	设道闸点位1个
2	教室前、后门	各设门禁点位1个
3	机房	设门禁点位1个
4	办公室	设门禁点位1个
5	财务室	设门禁点位1个
6	图书馆	设门禁点位1个
7	会议室	设门禁点位1个
8	风雨操场	设门禁点位1个

1.6.4　出入口控制系统建设要求

1. 基本要求

出入口控制系统工程的设计，应符合下列要求：

1）出入口控制系统中使用的设备必须符合国家法律法规和现行强制性标准的要求，并经法定机构检验或认证合格。

2）根据防护对象的风险等级和防护级别、管理要求、环境条件和工程投资等因素，确定系统规模和构成；根据系统功能要求、出入目标数量、出入权限、出入时间段等因素来确定系统的设备选型与配置。

3）出入口控制系统的设置必须满足消防规定的紧急逃生时人员疏散的相关要求。

4）供电电源断电时系统闭锁装置的启闭状态应满足管理要求。

5）执行机构的有效开启时间应满足出入口流量及人员、物品的安全要求。

6）系统前端设备的选型与设置，应满足现场建筑环境条件和防破坏、防技术开启的要求。

7）当系统与考勤、计费及目标引导（车库）等一卡通联合设置时，必须保证出入口控制系统的安全性要求。

8）在学校大门处设直杆或栅栏式闸机一台，用于车辆管理。

闸机应支持自动和手动两种工作模式。

（1）自动模式

鉴于学校大门位置的特殊性以及学校门口处均有安保人员值守，因此，学校车辆管理系统的自动控制模式建议为通过道闸遥控器，由安保人员控制道闸的启停。

（2）手动模式

在道闸断电等意外情况出现时，安保人员可通过摇柄等工具手动控制道闸的打开和关闭，确保学校大门处交通的畅通。

2.系统构成

出入口控制系统主要由识读部分、传输部分、管理／控制部分和执行部分以及相应的系统软件组成。系统有多种构建模式，可根据系统规模、现场情况、安全管理要求等合理选择。

校园出入口控制系统设备包含系统管理工作站、网络交换机、门禁控制器、读卡器、出门按钮、电磁锁、门磁等设备，系统需支持单向读卡、双向读卡、系统联动、数据统计、考勤、访客登记授权、断电开锁等功能。

3.系统功能

系统是主要采用现代电子技术和信息技术，对进入校园或建筑物出入目标进行管制的智能化系统，使用该系统，可以提高出入口管理的效率和安全系数。

1）出入口控制系统按其硬件构成模式，可分为以下形式：

（1）一体型：出入口控制系统的各个组成部分通过内部连接，组合或集成在一起，实现出入口控制的所有功能。

（2）分体型：出入口控制系统的各个组成部分，在结构上有分开的部分，也有通过不同方式组合的部分。分开部分与组合部分之间通过电子、机电等手段连成为一个系统，实现出入口控制的所有功能。

2）出入口控制系统按其管理／控制方式，可分为以下形式：

（1）独立控制型：出入口控制系统，其管理与控制部分的全部显示／编程／管理／控制等功能均在一个设备（出入口控制器）内完成。

（2）联网控制型：出入口控制系统，其管理与控制部分的全部显示／编程／管理／控制功能不在一个设备（出入口控制器）内完成。其中，显示／编程功能由另外的设备完成。设备之间的数据传输通过有线或无线数据通道及网络设备实现。

（3）数据载体传输控制型：出入口控制系统与联网型出入口控制系统区别仅

在于数据传输的方式不同，其管理与控制部分的全部显示／编程／管理／控制等功能不是在一个设备（出入口控制器）内完成。其中，显示／编程工作由另外的设备完成。设备之间的数据传输通过对可移动的、可读写的数据载体的输入／导出操作完成。

3）出入口控制系统按现场设备连接方式，可分为以下形式：

（1）单出入口控制设备：仅能对单个出入口实施控制的单个出入口控制器所构成的控制设备。

（2）多出入口控制设备：能同时对两个以上出入口实施控制的单个出入口控制器所构成的控制设备。

4）出入口控制系统按联网模式，可分为以下形式：

（1）总线制：出入口控制系统的现场控制设备通过联网数据总线与出入口管理中心的显示、编程设备相连，每条总线在出入口管理中心只有一个网络接口。

（2）环线制：出入口控制系统的现场控制设备通过联网数据总线与出入口管理中心的显示、编程设备相连，每条总线在出入口管理中心有两个网络接口，当总线有一处发生断线故障时，系统仍能正常工作，并可探测到故障的地点。

（3）单级网：出入口控制系统的现场控制设备与出入口管理中心的显示、编程设备的连接采用单一联网结构。

（4）多级网：出入口控制系统的现场控制设备与出入口管理中心的显示、编程设备的连接采用两级以上串联的联网结构，且相邻两级网络采用不同的网络协议。

4. 性能设计

1）系统响应时间应符合下列规定：

（1）系统的下列主要操作响应时间应不大于2s。

在单级网络的情况下，现场报警信息传输到出入口管理中心的响应时间。

除工作在异地核准控制模式外，从识读部分获取一个钥匙的完整信息始至执行部分开始启闭出入口动作的时间。

在单级网络的情况下，操作（管理）员从出入口管理中心发出启闭指令始至执行部分开始启闭出入口动作的时间。

在单级网络的情况下，从执行异地核准控制后到执行部分开始启闭出入口动作的时间。

（2）现场事件信息经非公共网络传输到出入口管理中心的响应时间应不大

于 5s。

2）系统计时、校时应符合下列规定：

（1）非网络型系统的计时精度应小于 5s/d；网络型系统的中央管理主机的计时精度应小于 5s/d，其他的与事件记录、显示及识别信息有关的、各计时部件的计时精度应小于 10s/d。

（2）系统与事件记录、显示及识别信息有关的计时部件应有校时功能；在网络型系统中，运行于中央管理主机的系统管理软件每天宜设置向其他的与事件记录、显示及识别信息有关的各计时部件校时功能。

3）在发生以下情况时，系统应报警：

（1）当连续若干次（最多不超过 5 次）在目标信息识读设备或管理与控制部分上实施错误操作时。

（2）当未使用授权的钥匙而强行通过出入口时。

（3）当未经正常操作而使出入口开启时。

（4）当强行拆除时。

系统报警功能分为现场报警、向操作（值班）员报警、异地传输报警等。报警信号应为声光提示。

4）系统应具有应急开启功能，可采用下列方法：

（1）使用制造厂特制工具采取特别方法局部破坏系统部件后，使出入口应急开启，且可迅即修复或更换被破坏部分。

（2）采取冗余设计，增加开启出入口通路（但不得降低系统的各项技术要求），以实现应急开启。

5）软件及信息保存应符合下列规定：

（1）除网络型系统的中央管理机外，需要的所有软件均应保存到固态存储器中。

（2）具有文字界面的系统管理软件，其用于操作、提示、事件显示等的文字应采用简体中文。

（3）当供电不正常、断电时，系统的密钥（钥匙）信息及各记录信息不得丢失。

（4）当系统与考勤、计费及目标引导（车库）等一卡通联合设置时，软件必须确保出入口控制系统的安全管理要求。系统应能独立运行，并应能与电子巡查、入侵报警、视频安防监控等系统联动，宜与安全防范系统的监控中心联网。

6）识读部分应符合下列规定：

（1）识读部分应能通过识读现场装置获取操作及钥匙信息并对目标进行识别，应能将信息传递给管理与控制部分处理，宜能接受管理与控制部分的指令。

（2）"误识率""识读响应时间"等指标，应满足管理要求。

（3）对识读装置的各种操作和接受管理/控制部分的指令等，识读装置应有相应的声和/或光提示。

（4）识读装置应操作简便，识读信息可靠。

7）管理/控制部分应符合下列规定：

（1）系统应具有对钥匙的授权功能，使不同级别的目标对各个出入口有不同的出入权限。

（2）应能对系统操作（管理）员的授权、登录、交接进行管理，并设定操作权限，使不同级别的操作（管理）员对系统有不同的操作能力。

（3）事件记录：

系统能将出入事件、操作事件、报警事件等记录存储于系统的相关载体中，并能形成报表以备查看。

事件记录应包括时间、目标、位置、行为。其中，时间信息应包含：年、月、日、时、分、秒，年应采用千年记法。

中央管理主机的事件存储载体，应至少能存储不少于180d的事件记录，存储的记录应保持最新的记录值。

经授权的操作（管理）员可对授权范围内的事件记录、存储于系统相关载体中的事件信息，进行检索、显示和打印，并可生成报表。

与视频安防监控系统联动的出入口控制系统，应在事件查询的同时，能回放与该出入口相关联的视频图像。

8）执行部分功能设计应符合下列规定：

（1）闭锁部件或阻挡部件在出入口关闭状态和拒绝放行时，其闭锁力、阻挡范围等性能指标应满足使用、管理要求。

（2）出入准许指示装置可采用声、光、文字、图形、物体位移等多种指示。其准许和拒绝两种状态应易于区分。

（3）出入口开启时出入目标通过的时限应满足使用、管理要求。

9）供电设计除应符合现行国家标准《安全防范工程技术标准》GB 50348—2018的有关规定外，还应符合下列规定：

（1）主电源可使用市电或电池。备用电源可使用二次电池及充电器、UPS电源、发电机。如果系统的执行部分为闭锁装置，且该装置的工作模式为断电开启，部分控制设备必须配置备用电源。

（2）当电池作为主电源时，其容量应保证系统正常开启 10000 次以上。

（3）备用电源应保证系统连续工作不少于 48h，且执行设备能正常开启 50 次以上。

10）防雷与接地除应符合现行国家标准《安全防范工程技术标准》GB 50348—2018 的相关规定外，还应符合下列规定：

（1）置于室外的设备宜具有防雷保护措施。

（2）置于室外的设备输入、输出端口宜设置信号线路浪涌保护器。

（3）室外的交流供电线路、控制信号线路宜有金属屏蔽层并穿钢管理地敷设，钢管两端应接地。

11）系统安全性、可靠性、电磁兼容性、环境适应性除应符合现行国家标准《安全防范工程技术标准》GB 50348—2018 的有关规定外，还应符合下列规定：

（1）系统的任何部分、任何动作以及对系统的任何操作不应对出入目标及现场管理、操作人员的安全造成危害。

（2）系统必须满足紧急逃生时人员疏散的相关要求。当通向疏散通道方向为防护面时，系统必须与火灾报警系统及其他紧急疏散系统联动，当发生火警或需紧急疏散时，人员不使用钥匙应能迅速安全通过。

1.6.5 主要设备技术要求

1. 门禁控制器

记录容量不少于 10 万，授权名单每个门不少于 4 万；

至少支持两路锁控信号输出、两路开门按钮输入、两路火警输入、两路门磁输入、两路韦根读头输入，可以实现两个门的单门单向刷卡控制；

多种开门方式，刷卡开门，按键开门，密码开门，定时开关门，远程开关门；

灵活多样的控制器开放时间段设置，每个门每天支持 12 个时间段，以周为单位循环，可分别设置，刷卡开门，常开，常闭；

对每个用户可以设置不同的时间组，每个用户每天可以设 12 个时间段，以周为单位循环；

支持特权卡，特权卡不受开放时段限制，全天都可以开门；

支持 TCP/IP 通信，支持 CDMA/GPRS 无线传输；支持在线升级。

2. 门禁读卡器

刷卡身份识别及开门：

工作环境：温度 -20 ～50℃，湿度 25%～95%。

支持蜂鸣器提示、OLED 图文显示 +LED 指示。

3. 交换机

固定端口：24×10/100/1000BASE-T 以太网端口，4×1000 BASE-X SFP 光口。

交换容量：256Gbps，包转发率：78Mpps。

VLAN：支持 802.1Q（最大 4K 个 VLAN），支持基于协议的 VLAN，支持基于 MAC 的 VLAN。

电口属性：支持半双工、全双工、自协商工作模式。

系统管理：支持 Console/ Telnet/SSH 命令行配置，支持 FTP、TFTP 文件上下载管理，支持 SNMP V1/V2c/V3，支持系统工作日志。

4. 其他要求

1）设备选型应符合的要求

（1）防护对象的风险等级、防护级别、现场的实际情况、通行流量等要求。

（2）安全管理要求和设备的防护能力要求。

（3）对管理/控制部分的控制能力、保密性的要求。

（4）信号传输条件的限制对传输方式的要求。

（5）出入目标的数量及出入口数量对系统容量的要求。

（6）与其他子系统集成的要求。

2）设备的设置应符合的规定

（1）识读装置的设置应便于目标的识读操作。

（2）采用非编码信号控制和/或驱动执行部分的管理与控制设备，必须设置于该出入口的对应受控区、同级别受控区或高级别受控区内。

3）传输方式、线缆选型与布线

传输方式除应符合现行国家标准《安全防范工程技术标准》GB 50348—2018 的有关规定外，还应考虑出入口控制点位分布、传输距离、环境条件、系统性能要求及信息容量等因素。

线缆的选型除应符合现行国家标准《安全防范工程技术标准》GB 50348—2018 的有关规定外，还应符合下列规定：

（1）识读设备与控制器之间的通信用信号线宜采用多芯屏蔽双绞线。

（2）门磁开关及出门按钮与控制器之间的通信用信号线，线芯最小截面积不宜小于 0.50mm²。

（3）控制器与执行设备之间的绝缘导线，线芯最小截面积不宜小于 0.75mm²。

（4）控制器与管理主机之间的通信用信号线宜采用双绞铜芯绝缘导线，其线径根据传输距离而定，线芯最小截面积不宜小于 0.50mm²。

布线设计应符合现行国家标准《安全防范工程技术标准》GB 50348—2018 的有关规定。执行部分的输入电缆在该出入口的对应受控区、同级别受控区或高级别受控区外的部分，应封闭保护，其保护结构的抗拉伸、抗弯折强度应不低于镀锌钢管。

1.7 入侵报警系统

1.7.1 入侵报警系统概述

入侵报警系统是利用传感器技术和电子信息技术探测并指示非法进入或试图非法进入设防区域（包括主观判断面临被劫持或遭抢劫或其他危急情况时，故意触发紧急报警装置）的行为、处理报警信息、发出报警信息的电子系统或网络。

入侵报警系统由报警主机、双鉴探测器、红外对射探测器、报警按钮等设备组成。当系统处于布防状态下，有人非法入侵时，系统立即弹出报警信息，并可联动相关监控设备对入侵行为进行记录。

1.7.2 入侵报警系统参考技术标准（表 1-25）

入侵报警系统参考标准表　　　　　　　　　表 1-25

标准名称及编号	发布日期 / 实施日期	发布单位
《中小学、幼儿园安全技术防范系统要求》GB/T 29315—2012	2012 年 12 月 31 日发布 2013 年 6 月 1 日实施	中华人民共和国国家质量监督检验检疫总局、中国国家标准化管理委员会
《入侵报警系统工程设计规范》GB 50394—2007	2007 年 3 月 21 日发布 2007 年 8 月 1 日实施	建设部、国家质量监督检验检疫总局

1.7.3 入侵报警系统建设标准规定一览表（表 1-26）

校园入侵报警系统建设标准规定一览表　　　　　　　　　表 1-26

序号	建设位置	中学、小学
1	重要房间	在物理、化学、生物实验室、计算机教室、数字实验室、财会室、档案室、存放贵重物品的房间（如电教室、科学教室）安装双鉴探测器

序号	建设位置	中学、小学
2	围墙	学校围墙或护栏高度低于2.5m，需要安装周界报警
3	传达室	安装紧急报警按钮
4	财务室	安装紧急报警按钮、双鉴探测器
5	其他位置	按需配置紧急报警按钮、双鉴探测器

1.7.4 入侵报警系统建设要求

1. 基本要求

入侵报警系统根据各学校静校时间和楼群实际情况按时进行布、撤防，出现报警信号时，各学校应及时查询并记录，出现重大情况时需及时向有关部门报告。

学校围墙或护栏高度低于2.5m时，需安装周界报警系统。一般学校的周界报警系统由红外对射探测器及固定红外枪式摄像机组成。每对红外对射探测器配备一个固定枪式摄像机，红外对射探测器应围绕学校一周。摄像机在视频安防监控系统中配备。

2. 系统构成

入侵报警系统通常由前端设备（包括探测器和紧急报警装置）、传输设备、处理/控制/管理设备和显示/记录设备部分构成。前端探测部分由各种探测器组成，是入侵报警系统的触觉部分，相当于人的眼睛、鼻子、耳朵、皮肤等，感知现场的温度、湿度、气味、能量等各种物理量的变化，并将其按照一定的规律转换成适于传输的电信号。

操作控制部分主要是报警控制器。

监控中心负责接收、处理各子系统发来的报警信息、状态信息等，并将处理后的报警信息、监控指令分别发往报警接收中心和相关子系统。

3. 系统功能、性能设计

入侵报警系统是指当非法侵入防范区时引起报警的装置，它是用来发出出现危险情况信号的。入侵报警系统就是用探测器对建筑内外重要地点和区域进行布防。它可以及时探测非法入侵，并且在探测到有非法入侵时，及时向有关人员示警。譬如门磁开关、玻璃破碎报警器等可有效探测外来的入侵，红外探测器可感知人员在楼内的活动等。一旦发生入侵行为，能及时记录入侵的时间、地点，同时通过报警设备发出报警信号。

入侵报警系统的误报警率应符合设计任务书和工程合同书的要求。

入侵报警系统不得有漏报警。

1）入侵报警功能设计应符合的规定

紧急报警装置应设置为不可撤防状态，应有防误触发措施，被触发后应自锁。

当下列任何情况发生时，报警控制设备应发出声、光报警信息，报警信息应能保持到手动复位，报警信号应无丢失：

（1）在设防状态下，当探测器探测到有入侵发生或触动紧急报警装置时，报警控制设备应显示出报警发生的区域或地址；

（2）在设防状态下，当多路探测器同时报警（含紧急报警装置报警）时，报警控制设备应依次显示出报警发生的区域或地址。

报警发生后，系统应能手动复位，不应自动复位。

在撤防状态下，系统不应对探测器的报警状态做出响应。

2）防破坏及故障报警功能设计应符合的规定

当下列任何情况发生时，报警控制设备上应发出声、光报警信息，报警信息应能保持到手动复位，报警信号应无丢失：

（1）在设防或撤防状态下，当入侵探测器机壳被打开时。

（2）在设防或撤防状态下，当报警控制器机盖被打开时。

（3）在有线传输系统中，当报警信号传输线被断路、短路时。

（4）在有线传输系统中，当探测器电源线被切断时。

（5）当报警控制器主电源/备用电源发生故障时。

（6）在利用公共网络传输报警信号的系统中，当网络传输发生故障或信息连续阻塞超过30s时。

3）记录显示功能设计应符合的规定

系统应具有报警、故障、被破坏、操作（包括开机、关机、设防、撤防、更改等）等信息的显示记录功能。

系统记录信息应包括事件发生时间、地点、性质等，记录的信息应不能更改。

系统应具有自检功能。

系统应能手动/自动设防/撤防，应能按时间在全部及部分区域任意设防和撤防；设防、撤防状态应有明显不同的显示。

4）系统报警响应时间应符合的规定

分线制、总线制和无线制入侵报警系统：不大于2s；

基于局域网、电力网和广电网的入侵报警系统：不大于 2s；

基于市话网电话线入侵报警系统：不大于 20s。

5）系统报警复核功能应符合的规定

当报警发生时，系统宜能对报警现场进行声音复核。

重要区域和重要部位应有报警声音复核。

6）无线入侵报警系统的功能设计应符合的规定

当探测器进入报警状态时，发射机应立即发出报警信号，并应具有重复发射报警信号的功能。

控制器的无线收发设备宜具有同时接收处理多路报警信号的功能。

当出现信道连续阻塞或干扰信号超过 30s 时，监控中心应有故障信号显示。

探测器的无线报警发射机，应有电源欠压本地指示，监控中心应有欠压报警信息。

1.7.5 主要设备技术要求

1. 探测设备

1）探测器的选型应符合的规定

根据防护要求和设防特点选择不同探测原理、不同技术性能的探测器。多技术复合探测器应视为一种技术的探测器。

所选用的探测器应能避免各种可能的干扰，减少误报，杜绝漏报。

探测器的灵敏度、作用距离、覆盖面积应能满足使用要求。

2）周界用入侵探测器的选型应符合的规定

规则的外周界可选用主动式红外入侵探测器、遮挡式微波入侵探测器、振动入侵探测器、激光式探测器、光纤式周界探测器、振动电缆探测器、泄漏电缆探测器、电场感应式探测器、高压电子脉冲式探测器等。

不规则的外周界可选用振动入侵探测器、室外用被动红外探测器、室外用双技术探测器、光纤式周界探测器、振动电缆探测器、泄漏电缆探测器、电场感应式探测器、高压电子脉冲式探测器等。

无围墙 / 栏的外周界可选用主动式红外入侵探测器、遮挡式微波入侵探测器、激光式探测器、泄漏电缆探测器、电场感应式探测器、高压电子脉冲式探测器等。

内周界可选用室内用超声波多普勒探测器、被动红外探测器、振动入侵探测器、室内用被动式玻璃破碎探测器、声控振动双技术玻璃破碎探测器等。

3）出入口部位用入侵探测器的选型应符合的规定

外周界出入口可选用主动式红外入侵探测器、遮挡式微波入侵探测器、激光式探测器、泄漏电缆探测器等。

建筑物内对人员、车辆等有通行时间界定的正常出入口（如大厅、车库出入口等）可选用室内用多普勒微波探测器、室内用被动红外探测器、微波和被动红外复合入侵探测器、磁开关入侵探测器等。

建筑物内非正常出入口（如窗户、天窗等）可选用室内用多普勒微波探测器、室内用被动红外探测器、室内用超声波多普勒探测器、微波和被动红外复合入侵探测器、磁开关入侵探测器、室内用被动式玻璃破碎探测器、振动入侵探测器等。

4）室内用入侵探测器的选型应符合的规定

室内通道可选用室内用多普勒微波探测器、室内用被动红外探测器、室内用超声波多普勒探测器、微波和被动红外复合入侵探测器等。

室内公共区域可选用室内用多普勒微波探测器、室内用被动红外探测器、室内用超声波多普勒探测器、微波和被动红外复合入侵探测器、室内用被动式玻璃破碎探测器、振动入侵探测器、紧急报警装置等。宜设置两种以上不同探测原理的探测器。

室内重要部位可选用室内用多普勒微波探测器、室内用被动红外探测器、室内用超声波多普勒探测器、微波和被动红外复合入侵探测器、磁开关入侵探测器、内用被动式玻璃破碎探测器、振动入侵探测器、紧急报警装置等。宜设置两种以上不同探测原理的探测器。

5）探测器的设置应符合的规定

每个／对探测器应设为一个独立防区。

周界的每一个独立防区长度不宜大于 200m。

需设置紧急报警装置的部位宜不少于 2 个独立防区，每一个独立防区的紧急报警装置数量不应大于 4 个，且不同单元空间不得作为一个独立防区。

防护对象应在入侵探测器的有效探测范围内，入侵探测器覆盖范围内应无盲区，覆盖范围边缘与防护对象间的距离宜大于 5m。

当多个探测器的探测范围有交叉覆盖时，应避免相互干扰。

2. 控制设备／系统软件

1）控制设备应符合的规定

应根据系统规模、系统功能、信号传输方式及安全管理要求等选择报警控制设备的类型。

宜具有可编程和联网功能。

接入公共网络的报警控制设备应满足相应网络的入网接口要求。

应具有与其他系统联动或集成的输入、输出接口。

2）控制设备的设置应符合的规定

现场报警控制设备和传输设备应采取防拆、防破坏措施，并应设置在安全、可靠的场所。

不需要人员操作的现场报警控制设备和传输设备宜采取电子/实体防护措施。

壁挂式报警控制设备在墙上的安装位置，其底边距地面的高度不应小于1.5m。如靠门安装时，宜安装在门轴的另一侧；如靠近门轴安装时，靠近其门轴的侧面距离不应小于0.5m。

台式报警控制设备的操作、显示面板和管理计算机的显示器屏幕应避开阳光直射。

3）系统管理软件的选型应符合《安全防范工程技术标准》GB 50348—2018等国家现行相关标准的规定，还应具有以下功能：

（1）电子地图显示，能局部放大报警部位，并发出声、光报警提示。

（2）实时记录系统开机、关机、操作、报警、故障等信息，并具有查询、打印、防篡改功能。

（3）设定操作权限，对操作（管理）员的登录、交接进行管理。

（4）系统管理软件应有较强的容错能力，应有备份和维护保障能力。系统管理软件发生异常后，应能在3s内发出故障报警。

3.传输方式与线缆选型

1）传输方式应符合现行国家标准《安全防范工程技术标准》GB 50348—2018 的相关规定。

（1）传输方式的确定应取决于前端设备分布、传输距离、环境条件、系统性能要求及信息容量等，宜采用有线传输为主、无线传输为辅的传输方式。

（2）防区较少且报警控制设备与各探测器之间的距离不大于100m的场所，宜选用分线制模式。

（3）防区数量较多且报警控制设备与所有探测器之间的连线总长度不大于1500m的场所，宜选用总线制模式。

（4）布线困难的场所，宜选用无线制模式。

（5）防区数量很多且现场与监控中心距离大于1500m，或现场要求具有设防、撤防等分控功能的场所，宜选用公共网络模式。

（6）当出现无法独立构成系统时，传输方式可采用分线制模式、总线制模式、无线制模式、公共网络模式等方式的组合。

2）线缆选型应符合现行国家标准《安全防范工程技术标准》GB 50348—2018的相关规定。

（1）系统应根据信号传输方式、传输距离、系统安全性、电磁兼容性等要求，选择传输介质。

（2）当系统采用分线制时，宜采用不少于5芯的通信电缆，每芯截面不宜小于0.5mm²。

（3）当系统采用总线制时，总线电缆宜采用不少于6芯的通信电缆，每芯截面积不宜小于1.0mm²。

（4）采用集中供电时，前端设备的供电传输线路宜采用耐压不低于交流500V的铜芯绝缘多股电线或电缆，线径的选择应满足供电距离和前端设备总功率的要求，线缆选型应符合现行国家标准《安全防范工程技术标准》GB 50348—2018的相关规定。

（5）系统应根据信号传输方式、传输距离、系统安全性、电磁兼容性等要求，选择传输介质。

（6）当现场与监控中心距离较远或电磁环境较恶劣时，可选用光缆。

4. 布线设计

布线设计除应符合现行国家标准《安全防范工程技术标准》GB 50348—2018的相关规定外，还应符合以下规定：

应与区域内其他弱电系统线缆的布设综合考虑，合理设计。

报警信号线应与220V交流电源线分开敷设。

隐蔽敷设的线缆和/或芯线应做永久性标记。

1）室内管线敷设设计应符合的规定

室内线路应优先采用金属管，可采用阻燃硬质或半硬质塑料管、塑料线槽及附件等。

竖井内布线时，应设置在弱电竖井内。如受条件限制强弱电竖井必须合用时，报警系统线路和强电线路应分别布置在竖井两侧。

2）室外管线敷设设计应满足的规定

线缆防潮性及施工工艺应满足国家现行标准的要求。

线缆敷设路径上有可利用的线杆时可采用架空方式。当采用架空敷设时，与共杆架设的电力线（1kV以下）的间距不应小于1.5m，与广播线的间距不应小于1m，与通信线的间距不应小于0.6m，线缆最低点的高度应符合有关规定。

线缆敷设路径上有可利用的管道时可优先采用管道敷设方式。

线缆敷设路径上有可利用建筑物时可优先采用墙壁固定敷设方式。

线缆敷设路径上没有管道和建筑物可利用，也不便立杆时，可采用直埋敷设方式。引出地面的出线口，宜选在相对隐蔽地点，并宜在出口处设置从地面计算高度不低于3m的出线防护钢管，且周围5m内不应有易攀登的物体。

线缆由建筑物引出时，宜避开避雷针引下线，不能避开处两者平行距离应不小于1.5m，交叉间距应不小于1m，并宜防止长距离平行走线。

在间距不能满足上述要求时，可对电缆加缠铜皮屏蔽，屏蔽层要有良好的就近接地装置。

5. 其他要求

1）供电、防雷与接地

供电设计除应符合现行国家标准《安全防范工程技术标准》GB 50348—2018的相关规定外，还应符合下列规定：

（1）系统供电宜由监控中心集中供电，供电宜采用TN-S制式。

（2）入侵报警系统的供电回路不宜与启动电流较大设备的供电同回路。

（3）应有备用电源，并应能自动切换，切换时不应改变系统工作状态，其容量应能保证系统连续正常工作不小于8h。备用电源可以是免维护电池和UPS电源。

防雷与接地除应符合现行国家标准《安全防范工程技术标准》GB 50348—2018的相关规定外，尚应符合下列规定：

（4）置于室外的入侵报警系统设备宜具有防雷保护措施。

（5）置于室外的报警信号线输入、输出端口宜设置信号线路浪涌保护器。

（6）室外的交流供电线路、信号线路宜采用有金属屏蔽层并穿钢管埋地敷设，屏蔽层及钢管两端应接地。

2）系统安全性、可靠性、电磁兼容性、环境适应性

系统安全性设计除应符合现行国家标准《安全防范工程技术标准》GB 50348—

2018 的相关规定外，尚应符合下列规定：

（1）系统选用的设备，不应引入安全隐患，不应对被防护目标造成损害。

（2）系统的主电源宜直接与供电线路物理连接，并对电源连接端子进行防护设计，保证系统通电使用后无法人为断电关机。

（3）系统供电暂时中断，恢复供电后，系统应不需设置即能恢复原有工作状态。

（4）系统中所用设备若与其他系统的设备组合或集成在一起时，其入侵报警单元的功能要求、性能指标必须符合《入侵和紧急报警系统控制指示设备》GB 12663—2019 等国家现行标准的相关规定。系统可靠性、环境适应性等设计应符合现行国家标准《安全防范工程技术标准》GB 50348—2018 的相关规定和《安全防范报警设备环境适应性要求和试验方法》GB/T 15211—2013 的相关规定。

1.8 教学录播系统

1.8.1 教学录播系统概述

教学录播系统是把现场摄录的视频、音频、电子设备的图像信号（包含电脑、视频展台等）进行整合同步录制，生成标准化的流媒体文件，用来对外直播、存储、后期编辑、点播。把录播系统和学校教学整合起来，在学校的教室安装摄像机，通过摄像机多方位对精品课程和重要会议等采集信号录制到计算机硬盘中，学生或者老师可以从不同的摄像机视角观看录像文件。同时，也可以对网上的信息源进行整理上传，达到充分利用网络学习资源的目的。

1.8.2 教学录播系统参考技术标准（表 1-27）

教学录播系统参考标准表　　　　　　　　　　　　　　表 1-27

标准名称及编号	发布日期 / 实施日期	发布单位
*《教学录播系统设计规范》DB34/T 2318—2015	2015 年 3 月 27 日发布 2015 年 4 月 27 日实施	安徽省质量技术监督局
《会议电视会场系统工程设计规范》GB 50635—2010	2010 年 11 月 3 日发布 2011 年 10 月 1 日实施	住房和城乡建设部、国家质量监督检验检疫总局

* 关于录播系统无相关国标，本文参考了安徽省的地标。

1.8.3　教学录播系统建设标准规定一览表（表 1-28）

教学录播系统建设标准规定一览表　　　　　　　　　表 1-28

序号	建设位置	中小学
1	录播教室	教师跟踪摄像机 1 台；板书跟踪摄像机 1 台；定位摄像机 1 台（可根据不同产品功能进行合并）；学生跟踪摄像机 1～2 台；学生定位摄像机不少于 1～2 台（可合并）；教室电脑 1 台；高清录播服务器 1 台
		1. 墙面可采用高性能吸声板装修。颜色宜采用中性浅色调，避免摄像机因背景光亮度造成自动感光失误。 2. 录播教室环境噪声应符合相关标准。 3. 录播教室的进出门考虑隔声装置，形成良好的教学环境。 4. 上课区域须保证灯光均匀，色温符合《会议电视会场系统工程设计规范》GB 50635—2010 标准

1.8.4　教学录播系统建设要求

1. 基本要求

系统应该包含录播平台、图像识别跟踪定位系统、课件实时录制子系统、网络直播教学子系统、导播子系统、音视频处理子系统、网上发布系统。系统架构建议采用嵌入式一体化硬件设计，集录制、直播、点播、远程导播控制等于一体，不建议采用软件＋服务器／工控机的架构。

2. 系统构成

录播系统一般有图像识别跟踪定位子系统、课件实时录制子系统、网络直播教学子系统、导播子系统、音视频处理子系统、发布子系统 6 部分构成。

1）图像识别跟踪定位子系统

由教师图像识别跟踪定位系统、学生图像识别跟踪定位系统、板书智能图像跟踪定位系统的跟踪摄像机和定位摄像机组成。

2）课件实时录制子系统

由强指向性话筒、录播集成平台中的课件实时录制软件、录播服务器、存储服务器设备等组成。

3）网络直播教学子系统

由直播教学服务器、录播集成平台的网络直播软件，校园网络和各种网络中继组成。

4）导播子系统

由计算机、导播控制服务器（控制台）、录播集成平台中的导播软件组成。

5）音视频处理子系统

由强指向性话筒、混音器、调音台等组成。

6）发布子系统

由服务器、网络存储、资源管理平台、资源管理中心、录播集成平台中的网上发布软件和网络终端组成。

1.8.5 系统性能、功能要求

1. 图像识别跟踪定位子系统

由教师图像识别跟踪定位系统、学生图像识别跟踪定位系统、板书智能图像跟踪定位系统组成。

1）教师图像识别跟踪系统可对教师的动作幅度、移动速度等数据进行分析判断，结合内置策略，对摄像机同时进行转动、推拉、俯仰的综合精细控制，从而使教师动作幅度由小到大，移动速度由慢到快的过程中实现特写、近景、中景和全景的平滑变化。自动跟踪拍摄接近人工拍摄的效果。

2）教师图像识别跟踪系统可支持对教室环境的区域划分，支持不同区域的自定义跟踪策略。教师在讲台区授课应给予特写、近远景跟踪策略，教师移动到学生区时切换中远景策略。教师在各个区域内移动应启用不同跟踪目标策略，对于教室内干扰源等影响跟踪因素的区域采用屏蔽策略。

3）学生图像识别跟踪定位系统可识别学生起立的目标或移动的目标。对于起立或移动目标，系统执行先动后切的联合策略，摄像机动作到位后再切换画面，避免或减少垃圾镜头；对于移动目标，将主要采用类似教师跟踪的策略，保证拍摄平滑稳定，并与教师图像跟踪系统进行联动控制。

4）学生图像识别跟踪定位系统可准确识别多目标并配合各类策略拍摄。当单一目标时，给予特写拍摄；当多目标时自动调整策略，使所有目标进入拍摄画面，给予全景拍摄。

5）板书智能图像跟踪系统可识别教师或学生的板书动作，并自动给予板书特写拍摄；根据板书书写者的肢体动作进行摄像机的微控制。

6）板书智能图像跟踪系统具有与教师模块联动控制一台摄像机拍摄和切换的功能；可独立控制一台摄像机进行板书的特写拍摄。

2. 课件实时录制子系统

1）录播教室内银牌采集可采用强指向性话筒。

2）课件实时录制子系统把整个课堂情境实时录制下来，同时应实时存储和显示。

3）录制应具有"资源模式""电影模式""画中画模式""多画面模式"等多种录制模式。

4）根据网络环境和课程录制需要，可调整课件录制码流和分辨率。

5）录播系统中资源模式应丰富，含原始音视频资料保存、后期制作编辑等。能同时录制、播放、编辑。

3. 网络直播教学子系统

1）网络直播教学子系统具有可与其他录播系统互联互通及共享资源平台的功能。

2）网络直播教学子系统支持高清、标清直播。

3）网络终端使用播放器或网页连接网络即可观看直播。

4）终端或浏览器可根据当时的网络情况，自动切换高清或标清直播。

5）网络直播音视频可根据录播教室内的教师视频画面、教师计算机屏幕画面和学生视频画面自动切换功能。

6）网络直播教学子系统可嵌入到资源管理平台内，实现通过浏览器远程访问观看。

4. 导播子系统

1）导播子系统需实现手动导播和自动导播。

2）导播系统支持特效制作、导播窗口显示、多路高清输入、多路云台控制、远程视频显示等功能。

3）手动导播功能通过人工手动操作方式实现不同画面的切换，操作等。

4）自动导播通过自动控制技术实现不同画面的自动切换操作，并能控制摄像机自动聚焦及云台旋转。

5. 音视频处理子系统

1）话筒可具备声控自动开闭功能，以减少环境噪声的拾入，提高录音的清晰度，保证教室内均匀拾音，同时采用无痕、无噪切换开关，避免内部噪声的产生。

2）话筒需实现不同距离内讲话拾音的音量大小一致，音频无失真。

3）声音和画面要求同步，无交流声或其他杂音等缺陷。

4）伴音清晰、饱满、圆润，无失真、噪声干扰、音量忽大忽小现象，解说声无明显比例失调，解说声与背景音乐无明显比例失调。

5）话筒可采用相关技术，降低人声外的频率成分，提高信噪比，保证声音清晰干净。

6. 网上发布子系统

1）网上发布子系统可包含区级资源管理平台和校资源管理平台，区级资源管理平台可对所有辖区内的校级资源进行统一管理。

2）支持网上视频点播，分配好权限的用户可使用浏览器观看课件。

3）管理员可根据不同用户设置不同的用户名、口令及权限，包括登录权限，接受直播权限，点播权限及观看评语信息等权限。

4）网上发布子系统应具有用户按照姓名、学科归类查看课件、快速检索等功能。

1.8.6 主要设备技术要求

1. 教师 / 学生跟踪摄像机

支持 4K 的图像传感器；

支持 4K 专业定焦光学镜头；

视频输出：不少于 1 个 3G-SDI 接口，不少于 1 个 RJ-45 接口；1 路 USB3.0 输出；支持网络和 SDI 同时输出；

支持两路全高清 1080P 画面输出，一路为教师全景，一路为教师特写；

通信接口：1 路 RS232，1 路 RJ-45；

电源接口：DC12V 输入；

USB 接口：1 路 USB3.0；

复位按钮 ×1，电源指示灯 ×1；

提供壁装和顶棚两种安装方式，支持摄像机倒装功能。

2. 录播主机

嵌入一体式内置存储架构，确保系统稳定、可靠，集音视频编码、录制、存储、导播、互动、直播、点播、切换、管理等功能于一台主机内。

视频输入接口不少于 4 路 RJ45，2 个 3G-SDI，1 个 HDMI。

支持 1080P/25/30/50/60 高清视频输入信号进行无缝切换、叠加、拼接等处理功能；其中包括4路网络高清1080P视频，其中支持2路高清视频SDI一线通、2路3G-SDI、1路计算机信号。

音频支持不少于1路线性音频输入，1路无线MIC输入，1路线性音频输出，1路音频监听输出，2路48V幻象供电MIC音频输入接口。

支持多种的外设接口，包含不少于2路USB3.0，不少于1路10/100/1000M的RJ-45网络接口，不少于1路HDMI输出。

音频编码：支持AAC编码，支持双声道，支持自动降噪。

支持标准流媒体文件格式，视频MP4，音频AAC，符合国家精品课程标准；编码码流：48K～10Mbps可调；支持电影画面与资源画面同时录制。

录像文件存储：本地硬盘存储不小于2T。

内置直播服务器，支持推流，支持拉流。

支持教师、学生信号自动跟踪定位切换。

支持远程互动，实现远程互动课堂。

3. 资源管理平台

系统支持负载均衡和虚拟机部署。

系统支持分布式部署，可设置管理权限对平台数据进行多级管理。

支持在线预约录制课程，提供多种录制模式，如资源模式、电影模式、混合模式等。

支持预约直播，通过网页和移动端在线观看直播。

支持平台与设备关联，实现对视频信号远程导播控制，并可以对设备远程开关机、重启等操作。

可查看已预约录制资源的当前状态。

可与课表进行对接，满足根据课表自动完成课程录制和直播，自动上传并完成视频转码。

对录制完成的资源进行管理，支持查看资源上传、转码进度。

支持对于4K视频信号，具备4K文件转码能力。

根据录制时间、教师、教室、录制模式等多种查询条件，进行录播资源查看，支持视频预览功能。

支持用户登录，系统提供注册权限，开启注册权限后，系统开放用户注册。

用户空间对用户的资源和数据进行分类整合，提供信息的聚会查看和管理。

系统对用户、班级、课表、教室、设备、资源等基础数据进行管理，支持数据批量导入。

系统支持对各级角色用户授权。

对所有视频资源、资料、教室信息、摄像机信息、录像任务、课程评价等信息，进行添加、修改、删除、查看等管理。

4．其他要求

1）录播系统供电、防雷接地设计

（1）录播系统的供电负荷等级应与建筑内最高用电负荷等级一致，且不低于二级，录播系统的配电系统应自成系统，与校内其他配电系统分开配置。

（2）录播系统的供电电源的电能质量应符合现行行业标准，整个录播上课区和观摩区的所有设备均可在一端接地的标准单相 220V/50Hz 的交流电下工作，其电压允许变化范围 220V 上下偏差 5%。

（3）录播教室内宜符合现行行业标准的要求，设置专用配电箱，建议由专用线路直接供电，主电源容量不应小于系统设备额定功率的 1.5 倍。市电失效后，录播教室内的重要设备、应急照明灯宜由在线式不间断电源供电，不间断电源应保证系统正常工作 60min。

（4）录播教室内摄像机、监视器、投影等视频设备均应按照分别采用同相电源供电。

（5）录播系统的防雷，应满足人身安全及电子信息系统正常运行的要求，需要保护的电子信息系统必须采取等电位链接和接地保护措施。

2）传输线缆设计

（1）录播教室内采用暗敷方式布放缆线，且走最短路线。

（2）再建造或改建录播教室时，可预埋管、安置桥架，预留地槽和孔洞，安装防静电地板，以便穿线。

（3）音视频及计算机控制系统的设备供电电缆与照明，空调及其他相关设备供电电缆分别铺设，并分别配置专用的配电箱，对相应的设备分别进行开关控制，以减少通过电源接触带来的串扰。

（4）摄像机到录播主机的连接线宜采用六类双绞线，当有干扰源或用户对电磁兼容性有较高要求时，可以采用屏蔽布线系统和光缆布线系统。

1.9 视频会议系统

1.9.1 视频会议系统概述

视频会议系统，包括软件视频会议系统和硬件视频会议系统，是指两个或两个以上不同地方的个人或群体，通过现有的各种电信通信传输媒体，将人物的静态图像、动态图像、语音、文字、图片等多种资料分送到各个用户的计算机上，使得在地理上分散的用户可以共聚一处，通过图形、声音等多种方式交流信息，增加双方对内容的理解能力。目前，视频会议逐步向着多网协作、高清化、开放化的方向发展。

视频会议作为目前先进的通信技术，只需借助互联网，即可实现高效高清的远程会议、办公，在持续提升用户沟通效率、缩减差旅费用成本、提高管理成效等方面具有得天独厚的优势，已部分取代出行，成为远程办公最新模式。近年来，视频会议的应用范围迅速扩大，通过视频会议系统进行政令传递和协同工作，可以大大增强沟通的效果，在节约宝贵的时间、精力和经费的同时，又提高了管理和决策效率，充分发挥出视频会议真实、高效、实时的优点。

1.9.2 视频会议系统参考技术标准（表 1-29）

视频会议系统参考技术标准 表 1-29

标准名称 / 标号	发布日期 / 实施日期	发布单位
《64～1920kbit/s 会议电视系统进网技术要求》GB/T 15839—1995	1995 年 12 月 13 日发布 1996 年 6 月 1 日实施	国家技术监督局
《视频显示系统工程技术规范》GB 50464—2008	2008 年 12 月 15 日发布 2009 年 6 月 1 日实施	住房和城乡建设部、国家质量监督检验检疫总局
《音频、视频及类似电子设备安全要求》GB 8898—2011	2011 年 12 月 30 日发布 2012 年 11 月 1 日实施	国家质量监督检验检疫总局

1.9.3 视频会议系统建设标准规定一览表（表 1-30）

视频会议系统建设标准规定一览表 表 1-30

序号	功能标准	中学	小学
一	系统要求	1. 为所在学校进行视频会议系统建设，提供与所在区（县）各教育单位进行视频会议能力	

序号	功能标准	中学	小学
一	系统要求	2. 视频会议系统需单独组网	
二	建设位置	学校选定会议室	
	视频会议室	每个学校配备 1 套视频会议终端	○

注：● 应按照标准配置；○ 可按照标准配置。

1.9.4 视频会议系统建设要求

1. 基本要求

视频会议系统工程的设计应综合考虑应用视频探测、有线／无线通信、计算机网络等先进而成熟的技术，配置可靠而适用的设备，构成先进、可靠、经济、适用、配套的视频会议系统。

视频会议系统中使用的设备必须符合国家法律法规和现行强制性标准的要求，系统兼容性应满足设备互换性要求，系统可扩展性应满足简单扩容和集成的要求。

1）中小学校应遵循所在市、区（县）教委视频会议系统建设的统筹安排，一般中小学校仅需配备终端设备，主要包括 1 台高清摄像机、1 台液晶显示设备、1 套图像处理及控制切换设备等。

2）多点控制设备 MCU 应能组织多个终端设备的全体或分组会议，对某一终端送来的音视频、数据等多种数字信号广播或转送至相关的终端设备，且不得劣化信号质量。

3）应能同时召开不同传输速率的视频会议。

4）会场应可以显示统一画面，亦可显示本地画面。

5）作为信息化系统建设，需在学校视频会议室为视频会议系统预留信息点位。

2. 系统构成

视频会议系统主要由终端设备、多点控制设备 MCU、网络节点交换设备等组成。

1）终端设备包括：视频会议终端、高清摄像机、图像显示设备、话筒、调音台等。

2）多点控制设备 MCU 是一台多媒体信息交换机，进行多点呼叫和连接，实现视频广播、视频选择、音频混合、数据广播等功能，完成各终端信号的汇接与切换。

3）网络节点交换设备是指一般网络交换机，是音视频信号点对点连接数据交换设备。

3.系统功能、性能设计

1）系统功能

视频会议系统的系统功能主要如下：

（1）会议日程安排：可提前预约会议时间，会议开始前自动提醒参会人准时入会。

（2）会议模板：使用者可以根据自身会议类型，选择会议模板，引导确定会议议程，避免会议跑题等尴尬，提高会议效率。

（3）共享功能：支持共享文档、共享桌面、共享影音、开会过程中，点击相关按钮，即可共享自己电脑桌面或者 PPT，所有参会人均可见，不用繁琐邮件、微信互传文件。

（4）会议录制：对于特别重要的会议，通过开启会议录制功能，可以在会后自动生成视频文件，方便保存下来用于会后回顾，也能分享给不同参会人随时查看。

（5）全部会场的画面可依次显示或任选其一，由主会场进行操作，主会场应能任意选择以下几种切换方式。

● 主席控制方式。会议主席在指定时间内可选择广播任一会场的画面。

● 导演控制方式。导演可通过中央监控管理工作站，选择广播任一会场的画面。

● 演讲人控制方式。适用于教育或作报告，各个远离教育中心或报告厅的会场可以看到教师或演讲人，教师或演讲人可以选择观看任意一个会场的画面。

2）系统性能

（1）网络的服务质量（QoS）

目前，视频会议系统常用的网络主要有 E1 专线和 IP 两种。E1 专线基于电路交换和时分复用技术，能够提供端到端的独享带宽，因此，网络本身具有完善的传输质量保障机制。在绝大多数情况下，影响 E1 专线传输效果的主要因素就是传输设备和传输线路的质量。对于这类因素，可以通过更换传输设备和降低线路误码率进行改善。

IP 网是基于统计复用和分组的交换技术，在需要同时传输语音、数据以及视频等多种业务时，无法为每一种业务提供端到端的带宽保证，会导致较大的传输延时和抖动。在实际的网络规划中，就要求网络设备（如路由器）能够借助于复杂的流量管理系统，通过多种技术提供 QoS 保证机制，根据业务类型划分不同的优先等级，比如语音最优、视频其次、数据最后，然后根据这些优先级别分配网络资源。

对于视频会议系统而言，为了保证视频业务的带宽，网络设备必须能够在通过的 IP 数据流中识别出视频业务数据包并对其分类，然后再通过拥塞管理机制提供带宽保证和优先传递服务。这样，在网络发生拥塞时，就可以保证语音和视频业务的传输效果。

（2）MCU 和终端的性能

● 视音频编解码技术

视音频编码技术是视频会议系统的关键技术指标，是影响会议效果的重要因素。目前视频会议系统中用到的视频编码技术主要有 H.261、H.263、H.264、MPEG-2、MPEG-4 等，音频编码技术主要有 G.711、G.722、G.728、G.729、MP3 等。

● 设备对恶劣网络环境的适应能力

网络 QoS 功能能在一定程度上保证视频会议的传输效果，但其作用相对有限，尤其是在一些较为恶劣的网络环境下。视频会议系统设备本身对恶劣网络环境的适应能力也将对会议效果产生较大的影响。这些适应能力包括 IP 优先权设置、IP 包排序、IP 包重复控制、IP 包抖动控制、丢包重传以及速率自动调整等。

● 自动回声抑制

召开多点视频会议时，每一个会场的声音编码器都将音频包向 MCU 传输，而 MCU 将发言会场的音频包向所有其他会场广播，当视频会议终端接收音频包时，将解码后的音频流与本地输入的音频流进行电平比较，去掉相同的部分，这样本地的声音就不会在自己的会场扬声器传出，引起音频的振荡，从而避免回声。

● 自动增益控制

由于视频会议一般使用全向式麦克风，放置在会场的中心位置，这样每一个发言人由于距离麦克风的位置不同，麦克风接收到的电平也不同。

为了保证传向远程的音频电平的平稳，在进行编码时要进行音频的增益处理，以保证一定范围内的发言人以同一个音调发言，这样远程会场的声音就不会忽高忽低。

●背景噪声消除

召开会议时不可避免地会有一些环境噪声，例如空调、风扇、交流电等电器设备持续发出的环境噪声，这些声音严重地影响了会议的音频质量。

自动噪声抑制会根据音频的高低、持续情况，判断是否为环境噪声，并且进行处理，以达到良好的声音效果。

1.9.5 主要设备技术要求

1. 多点控制单元

基础架构：机架式设备，采用电信级架构及嵌入式操作系统，支持 7×24h 长期连续运行。

系统容量：要求至少达到 10 点 1080P 接入。

会议速率：会议速率在 64K～4Mbps 之间动态可调整，在召开各种速率会议的多点视频会议时，不降低多点控制单元接入的并发容量；任意 1080P 终端、720P 终端、软件终端可以不同速率和格式接入会议。

通信协议：可同时使用 H.323、SIP 协议，切换协议无需重启。

视频协议：支持 H.264 和其他更高标准协议，如 H.264 High profile、H.264 SVC 并向下兼容 H.261、H.263 等协议。支持 720P、1080P 等格式。支持 16:9 视频格式，可在低带宽下实现端到端的宽屏图像传输。

视频编解码能力：具有同时召开多种分辨率（1080P、720P、4CIF、CIF 等）格式的混合会议，并支持多种会议速率。

双流及控制：支持 H.239、BFCP 双流协议，完整显示计算机发送图像，图像无截取、缺失，支持发送双流 PC 的声音传输。可以设定双流权限，控制开启或禁止各会场发送双流。

音频协议：支持 G.711、G.722、G.722.1、G.722.1C 等主流音频格式，支持立体声音频效果，实现 ITU-T 标准的 20kHz 及以上宽频高保真立体声效果。

分屏功能：支持多组会议多分屏模式。在不中断会议的情况下，可采用任意分屏模式。

会议控制：支持对各会场进行邀请、强制退出、静音、闭音、双流收发控制等操作。

会议模式：支持语音激励、轮询、导演控制、演讲模式等。

集成能力：提供 API，满足系统二次开发的要求。

移动接入平台：支持移动智能终端、硬件高清视频终端、软件高清视频终端等多种类型的终端，以及智能手机（Android 系统、IOS 系统）、平板电脑等智能终端通过局域网、有线、无线、互联网参加会议，均支持 H.323 或 SIP 协议的双流功能；支持扩容升级。

2. 高清视频终端

基础架构：采用分体式结构，嵌入式操作系统。配套的麦克风为 360° 全向麦克风，需具备回音消除、噪声抑制功能。

与多点控制单元配合：支持与多点控制单元同样功能的音视频、通信协议、安全性、稳定性等功能。在 2M 传输带宽环境下保持优质图像效果并可实现 1080P 音视频信号和 1080P 双流图像同时传送。具有网络抗丢包能力，保证传输的图像清晰、无马赛克，声音无断续。

视频输入接口：具有 HDMI、YPbPr、3G-SDI 等高清信号（1080P），至少有 4 路视频输入接口，其中至少包含 3 路高清视频接口。

视频输出接口：具有 HDMI、YPbPr、3G-SDI 等高清信号（1080P），至少有 4 路视频输出接口，其中至少包含 3 路高清视频接口。

视频输出设定：具有多显示器输出，可任意指定视频输出接口显示内容（如：本地图像 / 远端图像 / 双流图像）；支持单屏模拟双显、双屏双显、三屏三显功能。

音频接口：具有至少 4 路输入和 2 路音频输出接口，可与调音台和音频矩阵等音频设备连接。

音频处理：具有自动增益控制、自动噪声抑制和自适应回声抑制功能。

集成能力：提供 API，能够满足系统二次开发的要求。

3. 录播服务器

基础要求：支持 H.323，系统可以支持 CIF、4CIF、720P、1080P 录制。

容量要求：支持 7 × 24h 不间断运行。硬盘 ≥ 1TB。

录制形式：IP 录播服务器，需实时录制会议数字码流，通过网络直接接收 H.323 的数字视音频码流。采用数字录制的方式，录播服务器直接录制会议内容。支持单点录制、多点录制。可以录制 H.239 双流。支持 PC 本地录制（PC 脱机条件下本地录制，然后通过网络上传），录制内容直接回放到会议中。

速率：支持 128K-4M 速率，支持 512K 录制高清 720P 画面，1M 带宽下就能录制 1080P 画面。

支持协议：支持 ITU-T G.711、G.722、G.728、G.722 和 20kHz 及以上宽带立体声音频标准。

录制能力：至少支持同时录制 5 个会议。

定制化能力：支持对 logo、背景的自定义，支持每个用户自行定义页面分类。支持个人上传媒体文件和分享。

回放能力：可以通过 Web 页面或使用 Windows Media player、RealPlayer 等播放器对所录制内容进行点播回放，回放双流时，通过两个独立的窗口回放，每个窗口都可以改变大小。

支持不少于 100 点同时点播。

1.10 用户电话交换系统

1.10.1 用户电话交换系统概述

用户电话交换系统，以 IP 网络协议为主要通信协议，以网口（或 WiFi）为主要接口，具备拨号、通话功能的语音通信系统，通常需要配合 IP PBX 电话交换机使用。用户电话交换系统提供内部和外线通话功能，并具备语音应答、语音信箱、来电显示、内外转接能力。用户电话交换系统还应支持自定义设置长途外线拨打、内部转接、代接电话等业务功能。

面对 9 年一贯制、12 年一贯制，乃至集团办校等大规模校区管理，学校内部、校区之间，往往因地域之间、多栋建筑、楼宇之间距离远，使电话成为校区内部人员协同办公直接有效的沟通手段。数字电话交换系统充分利用校园网络，将 IP 语音融合至教室、办公室、宿舍、调度室、门卫室等多个场所，有效降低电话系统的部署成本和维护成本。

1.10.2 用户电话交换系统参考技术标准（表 1-31）

用户电话系统建设标准一览表   表 1-31

标准名称及编号	发布日期/实施日期	发布单位
《IP 电话网关设备技术要求》YD/T 1071—2006	2006 年 12 月 11 日发布 2007 年 1 月 1 日实施	信息产业部

标准名称及编号	发布日期/实施日期	发布单位
《用户电话交换系统工程验收规范》 GB/T 50623—2010	2010年8月18日发布 2011年6月1日实施	住房和城乡建设部、国家质量监督检验检疫总局
《用户电话交换系统工程设计规范》 GB/T 50622—2010	2010年8月18日发布 2011年6月1日实施	住房和城乡建设部、国家质量监督检验检疫总局
《IP电话路由协议（TRIP）技术要求》 GB/T 28501—2012	2012年6月29日发布 2012年10月1日实施	国家质量监督检验检疫总局

1.10.3 用户电话交换系统建设标准一览表（表1-32）

用户电话系统建设标准一览表　　　　　　　　　表1-32

序号	功能标准	中学	小学
一	系统要求	1.为所在学校建设语音电话系统，提供内部和外线通话功能	
		2.具备语音应答、语音信箱、来电显示、内外转接能力	
		3.能够自定义设置长途外线拨打、内部转接、代接电话	
二	建设位置	电话点位数量建设标准（单位：个）	
1	教室	0	0
2	睡眠室	0	0
3	40m² 以下小办公室	2	2
4	40m² 以上大办公室	3	3
5	60m² 以下小会议室	2	2
6	60m² 以上大会议室	3	3
7	传达室	1	1
8	广播室	1	1
9	食堂售饭区	1	1
10	宿舍	1	1
11	食堂售饭区	1	1
12	其他房间	1	1

1.10.4 用户电话交换系统建设要求

1.基本要求

用户电话交换系统在校园语音通信的全局规划中，不仅要考虑现在所需的基本功能也要兼顾未来融合通信语音应用的发展，如语音与其他个人自助等智能化服务应用相结合的 IT 基础架构。

1）建立内部的 VOIP 电话网络实现内部的 IP 电话的建设，实现网内通话话费为零，实现免费传真。

2）采用支持 TCP/IP 和 SNMP 简单网络管理协议的网络设备统一管理，实现 IP 到网点，建立统一的网络管理平台，实现对全网设备的监控、统计、配置，提高网络维护效率，降低运维成本。

3）考虑增值服务，提供未来网络扩展空间。增设机构或增加现有机构电话，均可方便进行，不改变现有网络模式。

4）语音网关或程控交换机可按需采用双备份的机制，主机工作时，备份服务器做同步数据镜像处理，一旦主机出现故障，备机立刻接管主机的工作，主备之间的切换不影响系统的正常运行，通话的分机不会中断。

5）电话交换系统应采用相关行业主管部门批准入网的用户电话交换设备、调度电话设备、会议电话设备、呼叫中心设备等，电话交换系统工程设计应符合国家现行有关标准的规定。

2. 系统构成

用户电话交换系统主要包括：用户电话交换机、话务台、终端等设备组成。

1）用户电话交换机：主要包括 PBX、ISPBX、IP PBX、软交换用户电话交换机、数字程控交换机、语音网关等。用户电话交换机应根据用户使用业务功能需要，提供与终端、专网内其他通信系统、公网等连接的通信业务接口。

2）话务台：可作为统一设置总机调度电话台，可根据运营情况设置统一设置，系统支持多个总机调度台的迁移和多个号码的调度台。调度台功能用于引导分机、分流业务、接通需求、总机调度。

3）终端：主要包括 PSTN 终端、ISDN 终端、IP 终端等。

3. 系统功能、性能设计

1）系统功能

（1）支持基础的呼入呼出业务，并提供总机服务、电话会议、电话录音、呼叫转移、呼叫速拨等高级功能，完全满足校园日常事务通信。

（2）支持通过校园网电话组网，各楼层、各建筑之间的分机互拨免费，节约了通话成本。

（3）支持摘机呼叫、一键呼叫等个性化功能，无需记住号码便可快速呼叫，提高了沟通效率。

（4）可通过模拟 / 数字中继、SIP/IMS 线路等方式接入运营商。

（5）可基于 IP 网络进行分布式部署，降低布线和施工成本，缩短部署时间。

（6）VoIP 适配器兼容普通话机和传真机，使得资源得到充分利用。

（7）支持全网设备统一管理，批量部署，话机零操作，有效减少维护工作量。

（8）可实现语音联动安防、广播对讲、校园调度等，极大地加强了校园管理。

2）系统性能

（1）系统正常工作时，接通率不应小于 99%。

（2）系统超负荷 20% 时，接通率不应小于 95%。

1.10.5 主要设备技术要求

1. IP 电话机

供电方式：支持 POE 供电；

端口：2 个 GE 端口；

支持电压：100～240V，50/60Hz。

2. 数字程控交换机

安装方式：机架式设备；

接入能力：支持不低于 1000 用户注册分机和 200 个并发呼叫；

端口：可提供不少于 4 个业务板插槽，可混插 FXS、FXO 和 E1/T 业务 1 板；

支持电话会议 / 视频通话 / 语音信箱 / 录音 / 监听等；

编码能力：支持 G.711A/U、G.723.1、G.729A/B、iLBC、AMR 等。

3. 语音网关

供电方式：交流；

端口：E1 接口不低于 2 个；

用户容量：不低于 50 个语音用户；

支持不低于 4 路 Voice Mail 并发；

支持不低于 16 方语音会议并发。

4. 交换机

固定端口：24 × 10/100/1000BASE-T 以太网端口，4 × 1000 BASE-X SFP 光口。

交换容量：256Gbps；包转发率：78Mpps。

VLAN：支持 802.1Q（最大 4K 个 VLAN），支持基于协议的 VLAN，支持基于 MAC 的 VLAN。

电口属性：支持半双工、全双工、自协商工作模式。

POE 功能：支持 POE 功能，最大供电量（POE：370W）。

系统管理：支持 Console/ Telnet/SSH 命令行配置，支持 FTP、TFTP 文件上下载管理，支持 SNMP V1/V2c/V3，支持系统工作日志。

1.11 数字广播系统

1.11.1 数字广播系统概述

校园数字广播系统主要是针对教学和办公专门设计的数字广播系统，根据学校教学的实际需求，结合学校的情况，考虑学校的未来发展，对教学广播做如下分析：

各类教室点对点控制广播，可以在广播室控制，也可以在教室主动选择广播的内容。楼道点位根据实际功率配备功放。数字广播系统除要求必须具有的公共广播功能包括：发布通知、领导讲话、播放音乐等。还可实现对各个班级进行广播、楼道和各区域定时播放（上下课铃声、背景音乐、眼保健操、升旗国歌、听力英语等常用广播节目）、分区分组播放、无人值守等。

1.11.2 数字广播系统参考技术标准（表 1-33）

数字广播系统参考技术标准　　　　　　　　　　　　　　表 1-33

标准名称及编号	发布日期 / 实施日期	发布单位
《厅堂扩声特性测量方法》GB/T 4959—2011	2011 年 10 月 31 日发布 2012 年 2 月 1 日实施	国家质量监督检验检疫总局
《声系统设备 第 3 部分：声频放大器测量方法》GB/T 12060.3—2011	2011 年 10 月 31 日发布 2012 年 2 月 1 日实施	国家质量监督检验检疫总局
《公共广播系统工程技术标准》GB/T 50526—2021	2021 年 4 月 9 日发布 2021 年 10 月 1 日实施	住房和城乡建设部

1.11.3 数字广播系统建设标准一览表（表 1-34）

数字广播系统建设标准一览表　　　　　　　　　　　　　表 1-34

序号	功能标准	中学	小学
一	系统要求	1. 可定时定点定制多种铃声方案，为学校提供上下课音乐打铃，通过远程点播进行英语听力考试	
		2. 定时播放眼保健操和广播体操	

序号	功能标准	中学	小学
一	系统要求	3.能够对每间教室的广播内容实现点对点控制	
		4.食堂、风雨操场单独分区	
		5.室内走廊等公共区域按楼层分区	
		6.室外操场、绿化带、食堂及室内风雨操场单独分区	
		7.可以通过不同节点对全校或特定区域进行广播及各种校园日常背景音乐，并独立调节音量	
		8.可在不同广播分区添加音量调节设备	
		9.当火灾发生时，应能够强制切换至应急广播	
二	建设位置	公共广播点位建设标准（单位：个）	
1	教室	每个教室配备1个音箱	
2	走廊	教学楼、办公楼等各类建筑的走廊每25m配备1个音箱	
3	学校楼层大厅	配备1个音箱	
4	风雨操场	根据声场配备音箱	
5	食堂	根据声场配备音箱	
6	室外操场	根据声场配备室外音柱	
7	绿化带	根据声场配备草地音箱	
8	停车场	根据声场配备草地音箱	
9	室外活动区	根据声场配备草地音箱	

1.11.4 数字广播系统建设要求

1. 基本要求

数字广播系统采用数字广播设备，解决了传统广播系统存在的传输距离短，音质不佳，维护管理复杂，互动性能差等问题，主要用于教学教务广播和背景音乐广播。基本要求如下：

1）支持按照房间、楼层和功能划分多个广播回路（分区）。每个区域可独立控制，也可进行全区域广播（播放背景音乐＋语音通知）。

2）支持可编程无人值守自动广播，将每天不同时段需要播放的音乐和区域通过系统编程，事先设定好播放的程序，即可实现全天候自动播放，无须专人值守，完全做到全自动化控制。

3）支持火灾事件的报警联动广播，当发生紧急事故（如火灾），可根据程序指令自动切换到紧急广播工作状态，消防紧急信号接通时，设备能自动进行语音播放提示，及时提供消防信息。

4）系统传输网络需结合校园网的设计标准采用五类非屏蔽双绞线，当传输距离较远时，需采用二芯多模光纤进行数据传输。

2. 系统构成

数字广播系统主要由 IP 网络广播服务器、广播软件、网络寻呼话筒、音源设备、音箱设备、功率放大器、调音台等组成。

1）IP 网络广播服务器（安装广播软件）：用于所有网络数据交换和处理，对整个系统进行广播寻呼控制，背景音乐播放控制，支持广播系统数据和音频的传输，支持系统定时播放、终端点播、临时插播、消防紧急广播等功能，支持通过控制软件进行文件播放、临时广播、设置定时广播、建立音乐节目库、设置日常背景音乐播放等功能。

2）音源设备：主要包括 CD 机播放器、MP3 播放器、调谐器、卡座／电脑、话筒等。

3）音箱设备：主要包括壁挂音箱、吸顶音箱、室外防水音柱、室外草地音箱等。

4）功率放大器：用于驱动扬声器系统，可对音频信号进行电压电流综合放大，以实现功率放大。

5）调音台：用于对节目信号进行放大，支持对各种信号进行频率调整、信号合并、分配等功能。

3. 系统功能、性能设计

1）系统功能

（1）定时播放

学校工作人员可以根据学校每天的上下课时间点，利用软件编辑打铃的运行程序。系统服务器就会按照预设的时间顺序实现定时打铃，播放眼保健操，广播体操等，作息时间表可以按照春、夏、秋、冬的季节变化自动调整，实现无人值守。

（2）学生分控广播站（活动宣传报道）

在学校的学生站安装分控广播站，学生可以在分控站上进行播放节目，制作学生节目、课间娱乐活动、学生广播等，学生无须到达广播站，同时给予学生一定控制权限，防止学生修改系统基本配置。

（3）多套节目同时播放

系统外置 CD 播放器、调谐器、MP3 播放器，内置音乐节目库（可存储上万首节目或歌曲），满足学校上课、下课、开展节目等音乐播放的需求，并可通过软件的分配和控制，实现在不同的区域同时播放不同的内容。

（4）教室本地广播

教室可使用壁挂式 IP 网络适配器 + 模拟音箱的方式进行扩声，通过 IP 网络适配器可实现教室本地点播，教室可先把教学文件通过工作操作站编辑和存储，上课时可在教室进行播放，并且可以多次点播，同时每个终端具有本地话筒输入接口和本地音频输入接口，在教室里面安装无线话筒和有线话筒都可以作为输入终端，再由终端输出给音箱进行播放。

（5）室外无线广播（操作和升旗广场）

在学校广播室一般还配置无线手持话筒和 IP 网络无线遥控器。无线话筒用于早操、升旗时，方便校领导讲话。IP 网络无线遥控器用于控制主机广播音乐播放，在升旗、早操时，不用去广播机房操作主机，直接使用无线遥控控制主机节目源的选择、播放、停止、音量大小调节等。

（6）节目实时采播

校园广播系统配置有多种节目音源，如 CD 播放、MP3 播放器、数字收音机等节目音源设备，通过主控软件实时采播，可以指定播放到相关区域或校园所有区域，满足校园多样化广播需求；同时校园也可以利用校园网络，播放网络多媒体节目和校园制作节目。

（7）教师工作站（制作教学题材）

教师无须到主控室，教师可通过工作站软件，即可提交定时播放任务，对权限范围内的教室安排语音播放计划及教学所需的教学题材，创造良好的学习氛围。自制的语音教学课件也能上传到服务器，定时自动播放或供课堂上点播。

（8）校长室远程讲话

通过远程控制及寻呼功能，校长无须到机房，在自己的办公室即可发布对学校的管理信息；校长办公室设置桌面式远程寻呼站，校长利用远程寻呼站可以进行校园任意点、分区或者全区广播讲话，打破传统校长必须得到主机房才能对全校讲话的局限性。

（9）教学监听

在教室里面可配置附带环境监听功能的 IP 网络适配器，校长可以在办公室对每个教室进行环境监听，辅助监控老师的教学质量或学生的学习情况。

（10）听力备份

教室里面可配置带备份功能的 IP 网络适配器，IP 网络适配器可同时接收网络音频信号和模拟 100V 定压音频。一旦 IP 网络适配器断电或网络出现严重故障时，可保障节目持续播放。

2）性能要求

（1）广播主站支持自组网，不受 IP 限制，可以跨网段工作。

（2）广播语音延迟时间：最大不超过 1s。

（3）单个广播覆盖半径不小于 25m。

1.11.5 主要设备技术要求

1. IP 网络广播服务器

要求工业级工控机机箱，具有防磁、防尘、防冲击的能力。

要求内置不低于 14 英寸 LED 液晶显示屏。

要求内置 SSD 固态硬盘，具有高耐用性与可靠性。

工控抽拉式键盘设计，操作更便捷，支持 1 路高清 HDMI 高清视频输出。

接口至少包含 RJ45 标准接口（100M/1000M 网口）、RS-232 串口、内置 RS-485、USB。

支持音频格式不限于 PCM（无压缩格式）、ADPCM、MP3 等。

2. 数字调谐器

调频、调幅（AM/FM）立体声二波段接收可选，电台频率记忆存储不少于 90 个。

要求具有电台频率自动搜索存储功能，且有断电记忆功能。

要求接收频率精确稳定。

要求不少于两组接收天线输入。

不少于 1 路音频信号左右声道（L/R）输出。

支持面板按键或红外遥控器控制操作。

3. IP 网络接入终端

配备不低于 3 寸 LCD 显示屏，具有超强抗干扰性能。

内置网络硬件音频解码模块≥ 1 路，支持 TCP/IP、UDP、IGMP 协议，可实现网络化传输≥ 16 位立体声 CD 音质的音频信号。

不少于 1 路线路（AUX）和 1 路话筒（MIC）输入接口，具有独立音量和高低音调节，并支持断网寻呼功能。

不少于 1 路 EMC 输入接口，输入紧急报警语音音频信号，具有输入最高优先级。

不少于1路音频信号辅助输出接口，可扩展外接功率放大器。

4. 网络寻呼话筒

要求桌面式设计，自带不小于6英寸电阻触屏。

提供数字键，功能键界面，支持呼叫分区，呼叫全区广播，一键呼叫广播（最大支持不少于8个按键自定义）。

支持全双工双向对讲功能，自带网络回声消除模块。IP终端之间实现两两双向对讲，网络延时低于300ms，同时网络回声啸叫彻底抑制。

支持求助信号铃声、闪屏提示、一键接受求助、对讲功能，同时也可以支持免提通话和接收广播，实现快速链接。

支持多种呼叫策略，包括呼叫等待、呼叫转移、无人接听提醒，支持自动接听、手动接听，支持自定义接听提示音，支持转移时间、无人接听时间、呼叫等待时间自定义。

5. 无线话筒

灵敏度：73dB（调节范围不小于2dB）；

频率响应：50Hz～12kHz；

需具备电池和电源适配器两种供电方式。

6. 有线话筒

要求接收频率范围：640～857MHz；

要求音频频率响应：80Hz～18kHz（±2dB）；

总谐波失真：≤0.5%；

要求具有LCD显示屏；

工作距离≥80m；

综合信噪比≥100dB；

频道间隔≥200kHz。

7. IP壁挂音箱

输入电源：AC100-240V/50Hz（或POE供电）；

网络接口：标准RJ45；

额定功率：不低于2×10W（4Ω）标准拔插式接线端；

线路输入灵敏度：350mV标准拔插式接线端子；

MIC输入灵敏度：5～10mV；

支持协议：TCP/IP、UDP、IGMP（组播）；

信噪比：＞85dB；

频率响应：50Hz～15kHz。

8. 室外防水音柱

额定功率：不低于90W；

最大功率：不低于180W；

灵敏度：93dB；

频率响应：110Hz～15kHz。

9. 纯后级功放（按需配置）

额定功率：1000W；

输出方式：70V，100V，4～16Ω；

频率响应：50Hz～18kHz（+1dB，-3dB）；

通道串音衰减：≤50dB；

保护：过热，过载＆短路；

电源：AC 220V/50Hz。

1.12 数字电视系统

1.12.1 数字电视系统概述

为适应信息化社会对教育发展的新要求，满足教育信息化发展，使用以网络架构为基础的校园数字电视系统已成为主流，前端主要部署于学校的教室、饭堂、宿舍等。

管理人员可集中通过控制中心平台分组管理，将各种多媒体教学资源（CD、LD、VCD、SCVD、DVD、CDROM、录音带、录像带等）和实时摄录的各类教育教学活动场景（如班级活动、多媒体演示教室公开课、文娱活动、体育比赛活动等）以及外接的电视节目（如普通电视、城市数字电视、卫星电视等）和互联网（如 Internet、Gernet、校园计算机网等）音视频（AV）信号按照既定的程序实时地播放到教室和其他显示终端，真正意义上实现各年级针对性地观看和播放不同的内容。也可以利用控制中心平台功能，实现针对某个年级传达视频直播会议。

1.12.2 数字电视系统参考技术标准（表 1-35）

数字电视参考技术标准 表 1-35

标准名称及编号	发布日期 / 实施日期	发布单位
《有线电视网络工程设计标准》GB/T 50200—2018	2018 年 1 月 16 日发布 2018 年 9 月 1 日实施	住房和城乡建设部
《电视和声音信号的电缆分配系统》GB/T 6510—1996	1996 年 9 与 9 日发布 1997 年 5 月 1 日实施	国家技术监督局
《基于 IP 传输的地面数字电视广播单频网组网技术规范》GY/T 341—2020	2020 年 12 月 31 日发布 2020 年 12 月 31 日实施	国家广播电视总局
《有线电视网络智能机顶盒（IP 型）测量方法》GD/J 114—2020	2020 年 9 月 11 日发布 2020 年 9 月 11 日实施	国家广播电视总局科技司

1.12.3 数字电视系统建设规定一览表（表 1-36）

数字电视系统建设标准规定一览表 表 1-36

序号	功能标准	中学	小学
一	系统要求	为学校建设数字电视系统 1 套	
二	建设位置	电视点位建设标准（单位：个）	
1	教室	1	1
2	宿舍	1	1
3	食堂	1/50m²	1/50m²

1.12.4 数字电视系统建设要求

1. 基本要求

数字电视系统在校园信息化建设方面已不可或缺，该系统创新性地把校园电视台功能和多媒体教学功能融为一体，该系统能支持视频直播、视频点播、课件点播、课堂录播、校园广播、课件下载、视频会议等功能，使校内管理更方便，教师备课、上课更高效，学生学习、生活内容更丰富。基本要求如下：

1）应支持校园内建设的全部终端同时发起视频播放请求。

2）应支持电视直播。

3）应支持课件、电影等视频高清 VOD 点播。

4）应支持音乐、新闻、娱乐、游戏、Internet 等多种综合服务。

（5）应支持 Android 等平台中多种应用程序。

（6）应采用专业服务器，降低服务器故障概率，保障系统稳定运行。

（7）应支持系统 24h 无人值守稳定运行功能。

2. 系统构成

数字广播系统主要由后端播放源设备、后端视频处理设备、IP 网络设备、前端显示设备等组成。

1）后端播放源设备：为广电或电信、卫星源、自办节目源等接入的视频信号接收和输出设备，主要包括广电机顶盒、卫星接收机、运营商网关光猫、硬盘播放机、摄像机等。

2）后端视频处理设备：主要包括电视信号调制器、编码器、直播点播服务器、数字电视管理服务器、互联网流媒体平台等。

3）IP 网络设备：为传送 IP 流量进行点播内容分发所需要的高速网络设备，可利用学校原有局域网络或新部署局域网络，无需另外部署有线电视同轴线。

4）前端显示设备：主要包括互动视讯教学一体机，或数字电视终端＋普通电视机等。

3. 系统功能、性能设计

1）系统功能

（1）节目源资源共享

系统可接入各类卫星电视、开路信号、数字电视信号、VCD、DVD 及多媒体计算机等数字、模拟节目源，用于电视教学。

（2）现场直播

学校在举行各种大型活动、会议、专题演讲、学术交流时，通过数字电视直播管理系统，可实现将现场实况、校长讲话、教师讲课等电视信号直播到全部或部分教室或教研室，这样可省去大量场地租用费及组织管理的精力和时间。

（3）计算机联网

中心控制室的多媒体计算机可接入校园网、远程教育网、国际互联网，实现计算机联网下的各种教学功能。随着信息技术的发展，计算机网络在教学和教学管理中得到越来越广泛的应用。当中心控制室的多媒体计算机接入各种网络后，学校就可以得到大量国内外教育教学的资源，同时每个教室都可共享这些资源。对于优秀的教学素材，还可以下载到计算机上经过编辑整理，形成适合于本校教学的新的教学课件或教学光盘。

（4）音视频直播功能

随着多媒体教学的普及，每一所学校都会建设一至几个多功能教室，但多数学校还没有能力将所有的教室都建设成联网的多媒体教室，因此当在多功能教室上示范课、举行会议、举办活动、校长电视讲话时，就需要将多功能教室的现场实况通过数字电视系统向部分班级或全校进行现场直播。此时，在多功能教室装上摄像机进行视频采集，利用多功能教室原有的扩声设备进行音频采集，并将采集到的音视频信号传送回主控室，通过数字电视系统进行直播。

2）系统性能

（1）最大并发流数目

指数字电视系统在同一时间内所能够支持的最大在线用户数目，且要求每个用户都可以正常收看完整的视频节目，并发流数目可按照学校实际需求确定，一般不少于 50 路并发。

（2）平均带宽

指在学校师生观看节目过程中，所有用户使用的带宽的平均值，该值越大说明数字电视系统所能提供的带宽能力越强，平均带宽不低于 100M。

（3）丢包率

指学校师生在使用数字电视系统的视频点播服务时，需要从服务器获取视频文件，在视频文件传输过程中可能会发生丢包的情况。丢包率的数值一般比较小，但是对用户的影响非常重要，尤其是目前使用的压缩比率都比较高，即使丢失很少的视频包也会影响到用户的观赏甚至出现断掉连接的现象。因此，丢包率上限不应超过 0.1%。

（4）平均响应时间

指学校师生从发出点播请求到得到视频服务的时间总体分布情况。平均响应时间越短越好，但鉴于各个学校的校园网络条件存在一定差距，一般视频点播端到端平均时延不应超过 2s。

1.12.5 主要设备技术要求

1. DVD 播放机

满足移动光驱、U 盘、移动硬盘等存储设备接入；内存校园广播体操 \ 眼睛保健操等歌曲，满足校园正常教学要求；

满足 CD、CD-R、CD-RW、DVD、DVD±R、DVD±RW 等各式的介质；

满足：MP3、WMA、RM、WAV、WMV、MP4、AVI 等文件格式。

2. VGA 转换器

满足自动检测、设定 VGA 模式；

满足红外线遥控器及遥控鼠标；

满足面板按键操作功能；

有防闪烁信号处理技术；

满足 VGA 分辨率 640×480、800×600、1024×768、1280×1024、1366×768、1400×1050、1600×1200、1280×720、1920×1080；

视频切换功能：支持电脑与电视（录像机、影碟机等）视频输入的切换；同步显示画面于电脑与电视屏幕上；支持混频 S-VHS/RGB 视频输出。

3. 调制器

接口不限于 GE 输入，可支持 RJ45 接口或 SFP；

支持不少于 256 个 IP 输入，SPTS（单节目流）或 MPTS（多节目流）；

支持单播或组播，支持 IGMP v2\v3 协议；

所有输入通道传输码率不低于 840Mbps。

4. 编码器

可播放 AC3 和 AAC 格式音频，支持不少于 8 路 HDMI 和 1 路 ASI 输入；

支持 MPEG-2/MPEG-4/H.264/AVC high profile level 4.0 视频编码；

支持 MPEG1 Layer 2［HE-AAC（V2）、LC-AAC 可选］音频编码；

支持 720P、1080I、1080P 高清视频；

支持 IP 输出不少于 8 个 SPTS（单节目流）。

5. 数字电视终端

内置操作系统 Windows 和 Android；

屏幕尺寸不低于 80 寸；

内存不少于 2G；

分辨率不低于 1080P；

接口支持 HDMI 及 AV 信号输出；

支持 USB；

支持有线网络。

1.13 校园一卡通系统

1.13.1 校园一卡通系统概述

校园一卡通系统使全校所有师生员工每人持一张校园卡，这张校园卡取代以前的各种证件（包括学生证、工作证、借书证、出入证等）全部或部分功能，师生员工在学校各处出入、办事、活动均只凭借校园卡便可进行，最终实现"一卡在手，走遍校园"，同时带动学校各单位、各部门信息化、规范化管理的进程。

校园一卡通是数字化校园中的重要组成部分，它应主要具有身份识别类、公共信息服务类等功能。整个系统应与学校原有的系统和学校管理信息系统有良好的衔接，并为学校潜在管理信息系统预留合适的接口，在系统建设完成后随时为学校增加其他管理系统接口提供必要的协助。

1.13.2 校园一卡通系统参考技术标准（表 1-37）

校园一卡通系统参考标准表 表 1-37

标准名称及编号	发布日期 / 实施日期	发布单位
《中小学、幼儿园安全技术防范系统要求》GB/T 29315—2012	2012 年 12 月 31 日发布 2013 年 6 月 1 日实施	国家质量监督检验检疫总局 中国国家标准化管理委员会
《出入口控制系统工程设计规范》GB 50396—2007	2007 年 3 月 21 日发布 2007 年 8 月 1 日实施	建设部
《集成电路（IC）卡读写机通用规范》GB/T 18239—2000	2000 年 10 月 17 日发布 2000 年 8 月 1 日实施	国家质量技术监督局

1.13.3 校园一卡通系统建设标准一览表（表 1-38）

校园一卡通建设标准一览表 表 1-38

序号	学校类型	建设要求
1	中学	在校主大门口设考勤机、在食堂设消费 POS 机，在图书馆、停车场等其他位置设置读卡器或消费设备
2	小学	

1.13.4 校园一卡通系统建设要求

1. 基本要求

校园一卡通系统的设计工作应综合应用编码与模式识别、有线 / 无线通信、显示记录、机电一体化、计算机网络、系统集成等技术，构成先进、可靠、经济、适用、配套的校园一卡通系统，并符合下列要求。

1）校园一卡通系统中使用的设备必须符合国家法律法规和现行强制性标准的要求，并经法定机构检验或认证合格。

2）根据防护对象的风险等级和防护级别、管理要求、环境条件和工程投资等因素，确定系统规模和构成；根据系统功能要求、出入目标数量、出入权限、出入时间段等因素来确定系统的设备选型与配置。

3）校园一卡通系统的设置必须满足消防规定的紧急逃生时人员疏散的相关要求。

4）系统供电电源断电时系统闭锁装置的启闭状态应满足管理要求。

5）门锁等执行机构的有效开启时间应满足出入口流量及人员、物品的安全要求。

6）系统前端设备的选型与设置，应满足现场建筑环境条件和防破坏、防技术开启的要求。

7）当门禁系统、考勤、计费及目标引导（车库）等一卡通联合设置时，必须保证校园一卡通系统的安全性要求。

2. 系统构成

校园一卡通系统主要由识读部分、传输部分、管理/控制部分以及相应的系统软件组成。系统有多种构建模式，可根据系统规模、现场情况、安全管理要求等，合理选择。

1）识读部分：读卡器、消费终端设备等。

2）传输部分：交换机、传输线缆等。

3）管理/控制部分：系统管理工作站、门禁控制器等。

4）系统软件：一卡通管理平台、门禁平台等。

3. 系统功能、性能设计

1）系统功能

（1）校园一卡通系统软件平台

校园一卡通系统软件平台应包括身份识别平台、系统管理平台、制卡管理中心、系统集控平台、认证系统等以及基于该平台建立的商务管理等应用。

根据各中小学的实际情况，校园一卡通系统软件平台必须规划完整，设计合理，技术先进，具有前瞻性；建成的系统稳定可靠，扩充能力强，能够有效处理突发性海量并发数据；信息传输和数据存储安全可靠、严格保密；系统平台易操作、易维护、易管理，要求界面友好，用户易于接受，便于使用。

校园一卡通系统软件平台可基于 B/S 或 C/S 架构实现，采用三层架构。用户应用和数据由中间件层（业务逻辑层及数据访问层）进行隔离，屏蔽用户直接对数据库的操作，中间件层定义了一系列具有统一标准的接口规范，所有的数据访问都经过审核和认证，可以保证对数据库的安全访问，有效防止数据的非法访问和篡改。所有子系统需经过管理中心进行统一授权，接入一卡通中心平台，接受系统集控平台的统一管理。

平台应具备完善的集控机制。系统中心集控平台对所有设备的状态信息，发送操作命令，各种终端、服务等提供集中的监视和控制；对设备、终端、网络运行状况进行监控；监视黑名单传输任务，提高系统安全性；实现数据库运行监控、下发终端参数等功能。

平台图形界面中，可以图标形式显示各种信息，如设备联机状态、终端设备黑名单版本号、未采集数据条数，设备异常状况提醒等。

平台系统支持卡有效期注册及管理，可自定义卡有效期，过期需进行重新注册。

平台应充分考虑系统数据的安全性，具备完善的安全措施。平台需具备系统数据多级备份存储、安全高效的数据访问机制、严格的数据访问接口和签到签退功能，使系统数据的访问可控而有序，可以保证系统数据的足够安全及对应用子系统数据请求产生高效的回应。

校园一卡通系统在结构设计上应充分考虑联网/脱机的两用性和兼容性，建成的系统不仅可以联网使用，也可以脱机使用。联网时系统内各种数据以联机通信方式自动实时交换。当有突发情况无法通信时，终端设备应仍可以正常使用并保存一定时间的数据。终端设备实现联网/脱机的自适应，突发情况结束后可自动切换为联网状态并同步保存数据。

（2）校园一卡通管理中心

校园一卡通管理中心需具备以下功能：

● 权限管理

角色授权，通过角色管理添加角色，通过此功能为指定的角色授权。拥有该角色的职员则可以操作该角色对应的功能项。

● 设备管理

①方便的硬件设备管理、监控。包括服务器、工作站、数据交换设备的友好的管理界面，消费／出纳 POS、智能读卡终端、手持数据设备的接入控制、状态检测、数据查询等的友好的管理界面。校园卡卡片的方便、系统、全面的查询、管理、维护界面（含卡片使用情况统计表）。

②所有接入校园一卡通系统的硬件的列表、网络地址、唯一识别号、安放位置、使用责任人、启用时间、终止时间等设备相关信息的有效性管理、统计、报表。

③详细、全面的设备运行日志的维护与管理；详细、全面地应用系统日志和方便、友好的界面查询、管理、报表功能。

④卡、卡读写设备的发放、系统内部的授权开通等应当有详细的电子日志。

● 用户管理

①持卡人资料、权限、密码等的管理。

②管理操作按不同的职能划分成不同的操作区域。各区的管理者根据系统授权进行专项操作。

③提供界面操作的在线报修和维护人员答复系统。

④以不同的子系统和管理权限划分用户分组，用户分组中的权限可以进行更改。

⑤将用户按照不同的具体职能归入不同的分组，各组中用户的最大权限不能超出组的权限。

⑥多种用户登录认证模式：口令认证、持卡认证等。

⑦用户增减和更新时可选择该用户登录时是否需要用卡注册；某些功能模块的登录必须用卡注册。

⑧系统中的用户进行统一管理。

● 批次管理

可设定各种批次，如某学年毕业、某个具有统一属性的团体等，对人员按批次管理。通过批次对人员进行批量操作，如注销、毕业等功能，使系统使用更方便、快捷、有效。

● 实时监控系统

①实时监控系统运行状态。

②监控所有接入读卡设备的联机日志、运行状态、黑名单版本。

③能够监控所有接入校园一卡通系统的硬件列表、网络地址、唯一识别号、安放位置、使用责任人、启用时间、终止时间等设备相关信息并进行有效性管理、统计。

④可以通过监控平台对系统中的设备进行远程操作和管理操作，如可以直接对指定的POS机授权状态进行修改、可以检查POS机的当前设备状态，如终端时钟、黑名单版本号，可以对POS机进行补助发放授权和取消补助授权，可以对POS机进行黑名单同步、时钟校时、参数下发。

（3）校园一卡通制卡中心

校园一卡通制卡中心是校园一卡通系统中一个重要的应用系统模块，它是整个校园一卡通系统的基础和核心，在整个系统中占着举足轻重的作用。它的职责与任务是负责整个一卡通系统中所有用卡的制作，包括身份识别卡、临时卡、单位卡等用户卡，另外还包括功能卡的制作，如操作卡、参数卡等。它还负责日常对卡的维护，如卡的挂失、解挂、补卡、换卡、卡信息修正、单个注销和成批注销等工作，并生成相应的报表和流水记录。

制卡中心应支持实时的联机证照采集，指纹采集，以及快速证卡制作。

校园卡制卡中心模块主要功能分为校园卡的发行（单个或成批发卡，即从外部文件或外部数据库中导入相关的信息，实现校园卡的批量发行）、注销、挂失、解挂、补卡、查询相关信息等。

● 制卡功能

①制卡中心可以独立完成对校园卡人员照片信息的统一采集、存储、校园卡的初始化、卡片打印制作、开户、基本信息维护、数据查询、数据修正、有效性处理等一系列工作，支持在线式（选用设备普通摄像机、数码摄像机、摄像头等）照片采集和离线式照片采集（选用设备数码照相机、电子文档、原照片扫描等方式）。卡务管理灵活方便，操作界面友好。

②制卡中心集成指纹采集及写卡功能，可在采集照片的同时完成个人指纹的采集，并在发卡时将指纹写入卡中，为相关的应用提供必要的信息支持。

③开户时，自动将身份证号码的后6位默认为消费密码写入卡中，并且每张卡片的开户都有详细的操作日志，每开户一张卡，包括补卡、换卡、解挂，都必须有详细的操作日志和卡唯一号记录。

④可自定义身份种类，如临时卡、身份识别卡等种类，可以方便学校对校园卡进行分类管理和权限管理。

⑤对于系统临时人员，可以方便地使用租卡业务，租卡方式分为日租、月租两类。按不同的租卡类型，收取日租金或月租金。

⑥补卡和换卡时，旧卡余额的转移方式应在确保离线消费数据的有效性的基础上，为持卡人提供最大限度的方便性。

⑦退卡时，卡内余额可以现金形式返还，也可在规定时间内转入持卡人指定的银行账户。

⑧记录完整的个人结算信息，并对持卡人和相关管理部门提供合理、有效和可控的查询和统计功能。

⑨支持对个人账户变化的监测和对个人账户异常变化的报警。

⑩卡类别管理灵活，卡类别作为卡管理的另一种手段，对于每一种卡，可设定独立的补助发放金额，也可在特殊位置的终端机上限制某一类卡的使用，以达到方便管理作用。

⑪可以清晰、明了地出具各类有关卡业务的统计报表。

⑫校园卡业务管理中心模块具有良好的人机交互界面、丰富的操作导航，用户易学易懂；数据传输采用金融级 3DES 加密机制，确保系统运行安全、可靠。

● 批量办卡

可通过各种条件的组合，获得批量人员数据，对该批人员进行集中发卡。

● 卡的日常维护

制卡中心包括挂失，解挂，修改卡失效期，修改卡密码，补卡，换卡以及注销等操作，实现对卡的各种管理操作。

● 功能卡维护

制卡中心可制作操作卡，参数卡，并对卡有效期和密码进行设定，支持修改维护操作。

（4）校园一卡通集控中心

校园一卡通系统中子系统多、类型多、分布广，系统不易管理、不易维护，需要集控平台，为终端设备提供统一的监视和控制平台，并为通信采集服务提供人机交互界面，见图1.1。可监控的终端包括：各种类型的 POS 机、售饭机、门禁机、水控器等。

集控平台可在线监控所有设备、软件和服务程序，整个一卡通系统达到可视化管理。

用户登录集控平台后，可对设备进行监控，查看设备状态、联机状态、交易

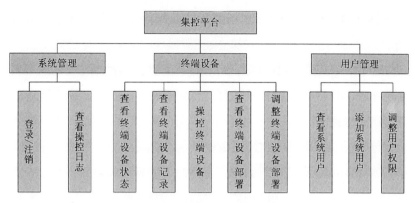

图 1.1　集控平台系统架构图

记录、门禁考勤记录等。

● 监控服务系统

集控平台可获取一卡通系统所属设备的状态信息，向所属设备发送操作命令，监控设备运行状态，显示一卡通系统中各个子系统生成的各种业务数据的记录，比如交易记录、考勤门禁记录和设备操作记录等。

● 命令发送

通过监控可以向采集发送命令，这些命令有些是对终端设备的，比如校时、发送黑名单，有些是对通信采集服务的，比如重启采集、重启电脑。

● 监视黑名单传输任务

如果系统有新的黑名单产生，通信采集服务会自动发送到终端设备，这时候监控程序可以看到发送的情况。

● 记录上传监视

监控可以监视通信采集服务记录上传的情况，通信采集服务在上传记录的时候会把记录上传的详细信息发送给监控者。

（5）门禁一卡通

● 系统响应时间应符合下列规定：

① 系统的下列主要操作响应时间应不大于 2s。

在单级网络的情况下，现场报警信息传输到出入口管理中心的响应时间。

除工作在异地核准控制模式外，从识读部分获取一个钥匙的完整信息始至执行部分开始启闭出入口动作的时间。

在单级网络的情况下，操作员从出入口管理中心发出启闭指令始至执行部分开始启闭出入口动作的时间。

在单级网络的情况下，从执行异地核准控制后到执行部分开始启闭出入口动作的时间。

②现场事件信息经非公共网络传输到出入口管理中心的响应时间应不大于5s。

● 系统计时、校时应符合下列规定：

①非网络型系统的计时精度应小于5s/d；网络型系统的中央管理主机的计时精度应小于5s/d，其他的与事件记录、显示及识别信息有关的、各计时部件的计时精度应小于10s/d。

②系统与事件记录、显示及识别信息有关的计时部件应有校时功能；在网络型系统中，运行于中央管理主机的系统管理软件每天宜设置向其他的与事件记录、显示及识别信息有关的各计时部件校时功能。

● 在发生以下情况时，系统应报警：

①当连续若干次（最多不超过5次）在目标信息识读设备或管理与控制部分上实施错误操作时。

②当使用未授权的钥匙而强行通过出入口时。

③当未经正常操作而使出入口开启时。

④当强行拆除时。

系统报警功能分为现场报警、向操作（值班）员报警、异地传输报警等。报警信号应为声光提示。

● 系统应具有应急开启功能，可采用下列方法：

①使用制造厂特制工具采取特别方法局部破坏系统部件后，使出入口应急开启，且可迅即修复或更换被破坏部分。

②采取冗余设计，增加开启出入口通路（但不得降低系统的各项技术要求），以实现应急开启。

● 软件及信息保存应符合下列规定：

①除网络型系统的中央管理机外，需要的所有软件均应保存到固态存储器中。

②具有文字界面的系统管理软件，其用于操作、提示、事件显示等的文字应采用简体中文。

③当供电不正常、断电时，系统的密钥（钥匙）信息及各记录信息不得丢失。

④当系统与考勤、计费及目标引导（车库）等一卡通联合设置时，软件必须确保门禁系统的安全管理要求。

系统应能独立运行，并应能与电子巡查、入侵报警、视频安防监控等系统联动，宜与安全防范系统的监控中心联网。

● F. 识读部分应符合下列规定：

①识读部分应能通过识读现场装置获取操作及钥匙信息并对目标进行识别，应能将信息传递给管理与控制部分处理，宜能接受管理与控制部分的指令。

②"误识率""识读响应时间"等指标，应满足管理要求。

③对识读装置的各种操作和接受管理/控制部分的指令等，识读装置应有相应的声和/或光提示。

④识读装置应操作简便，识读信息可靠。

● 管理/控制部分应符合下列规定：

①系统应具有对钥匙的授权功能，使不同级别的目标对各个出入口有不同的出入权限。

②应能对系统操作员的授权、登录、交接进行管理，并设定操作权限，使不同级别的操作员对系统有不同的操作能力。

③事件记录。

系统能将出入事件、操作事件、报警事件等记录存储于系统的相关载体中，并能形成报表以备查看。

事件记录应包括时间、目标、位置、行为。其中，时间信息应包含年、月、日、时、分、秒，年应采用千年记法。

中央管理主机的事件存储载体，应至少能存储不少于 180d 的事件记录，存储的记录应保持最新的记录值。

经授权的操作员可对授权范围内的事件记录、存储于系统相关载体中的事件信息，进行检索、显示和/或打印，并可生成报表。

与视频安防监控系统联动的门禁系统，应在事件查询的同时，能回放与该出入口相关联的视频图像。

● 执行部分功能设计应符合下列规定：

①闭锁部件或阻挡部件在出入口关闭状态和拒绝放行时，其闭锁力、阻挡范围等性能指标应满足使用、管理要求。

②出入准许指示装置可采用声、光、文字、图形、物体位移等多种指示。其准许和拒绝两种状态应易于区分。

③出入口开启时出入目标通过的时限应满足使用、管理要求。

（6）考勤

考勤作为校园一卡通系统的重要功能模块，需符合以下列规定：

● 系统为用户提供多种类型的数据库接口，方便联入各类管理系统。

● 能够详细查看学生，教职员工定时、定区域的上下课或上下班考勤情况，以及员工、外来人员进出各部门的情况。

● 系统使用灵活，各种设置可由用户自己选择设置，例如考勤有效时间、考勤对象等，每月出报表的时间都可以自己设置。

● 数据处理时，可以精确地得出每一个用户的详细的刷卡情况。丰富的报表功能，可以得到各种形式的报表，满足用户要求，其中包括人员信息表、考勤表、考勤情况综合分析等。

● 系统可根据预先的设置违纪情况，与奖罚措施挂钩，自动计算出奖罚金额。

● 教工考勤排班：设置考勤的签到及签退的时间点，以及节假日、考勤例外等特殊情况。

● 老师课程表的导入：老师上课课时考勤则采用课程表导入方式。

● 考勤签到：上班和下班时间相关人员使用卡片进行签到／签退。

● 出勤查询：可以按部门、按时间，对整个学校相关人员的出勤记录、在岗情况进行实时查询。

● 报表打印：考勤结果输出为多种报表格式（可打印），供人事部门及财务部门备案和查询。

2）系统性能

（1）系统容量：系统中主要设备（服务器、交换机等）有如下指标：

● 处理器：处理器利用率要低于业内警戒值范围，即小于或者等于75%。

● 内存：一般情况下利用率要低于70%。

● 磁盘：一般情况下磁盘繁忙率要低于70%。

● 吞吐量：即网络吞吐量，一般情况下不能超过设备或链路最大传输能力的70%。

（2）响应时间：指的是用户发出请求到得到系统响应的整个过程的时间，包含服务器端响应时间、网络响应时间和客户端响应时间，有如下指标：

● 系统的主要操作响应时间应不大于2s，如门禁刷卡、食堂消费等。

● 现场事件信息经非公共网络传输到管理中心的响应时间应不大于5s。

（3）错误率：指系统在负载情况下，信息交互失败的概率。错误率＝（信息交互失败数/信息交互总数）×100%。一般不超出千分之四，即成功率不低于99.6%。

（4）稳定性：系统按照最大容量的80%或标准压力（系统的预期日常压力）情况下运行，能够稳定运行的最短时间。一般来说，系统正常运行24h，至少应该能保证系统稳定运行24h。

1.13.5 主要设备技术要求

1.一卡通软件平台

1）支持多用户多客户端操作。

2）支持多部门单独管理模式。

3）可管理下属各子系统，包含用户管理、门禁管理、考勤管理常用模块，可扩展巡更管理、具有实时监控、实时记录提取、人员定位和门内实时查询等功能。

4）可设置各子系统管理权限。

5）各子系统可独立运行又可以共享信息资源。

2.门禁控制单元

1）单门或多门网络型门禁控制器。

2）可连接1个或多个读卡机。

3）可连接1个或多个电控锁。

4）可连接1个或多个出门开关。

5）具备局域网通信功能。

6）最少10万条记录存储容量。

3.电磁锁

1）带指示灯、门状态检测输出。

2）抗拉力不低于270kg。

3）供电电压：12/24V。

4.读卡器

1）外形美观、耐用。

2）支持卡类型：IC卡、EM卡。

3）读卡距离：3～5cm。

4）具备双色LED状态指示、操作蜂鸣器提示。

5）具备防拆报警、超时开门报警、强制开门报警以及不同报警提示音。

6）工作电压：DC12V。

7）工作环境：工作温度 -25～65℃，工作湿度：≤ 95%。

1.14 电子班牌系统

1.14.1 电子班牌系统概述

电子班牌是目前学校文化建设、智慧校园建设的系统之一，学校为每个教室配置一个电子班牌，一般安装在教室门口或教室里面，用来显示班级信息、当前课程、班级活动及学校通知等。

随着义务教育阶段课改、走课制、分层教学的实施，通过电子班牌，每个学生还可以看到各自的课程表，到相应的教室进行签到上课，能解决走班考勤问题。

1.14.2 电子班牌系统参考技术标准（表 1-39）

电子班牌系统参考标准表 表 1-39

标准名称及编号	发布日期 / 实施日期	发布单位
《智能建筑设计标准》GB 50314—2015	2015 年 3 月 8 日发布 2015 年 11 月 1 日实施	住房和城乡建设部
《民用建筑电气设计标准》GB 51348—2019	2019 年 11 月 22 日发布 2020 年 8 月 1 日实施	住房和城乡建设部

1.14.3 电子班牌系统建设标准规定一览表（表 1-40）

电子班牌系统建设标准规定一览表 表 1-40

序号	学校类型	建设要求
1	中学	每间教室门口 1 个
2	小学	

1.14.4 电子班牌系统建设要求

1. 基本要求

电子班牌系统是以出勤管理和班级信息展示为主体，为中小学教育行业量身设计的一款集射频卡技术、语音技术、多媒体技术、后台管理软件技术、智能门禁系统技术为一体的综合平台系统。

通过电子班牌设备和后台教务管理软件的统一管理，在电子班牌上，将实现班牌展示、学生上课刷卡考勤、考勤状况汇总展示、课表展示、优秀标兵展示、校园通知展示、班级文化图片展示等多种功能，并应达到如下要求：

1）支持班牌学生卡整合到学校现有的 IC 卡系统内，有效促进一卡通的建设。

2）支持手机端、电脑平台端；由不同的角色（管理者、教师、家长、学生）按照各自权限管理和丰富电子班牌内容。

3）其他智慧校园硬件可与班牌建立数据同步接口，例如访客机、RFID 感知应用、视频摄像头、智慧图书馆等，真正将各独立的数据进行整合和利用，实现应用"班班通"。

4）各班的学生可以通过班牌进行跨班沟通互动，增强学生间的沟通交流。

5）校与校之间在区域大平台数据对接下，可实现校园文化的共享传播及学生跨校互动，逐步打破"信息孤岛"的模式。

2. 系统构成

电子班牌系统主要由前端展示部分、传输部分、管理／控制部分以及相应的系统软件组成。系统可以展示多种教学及教学相关内容，可根据学校情况、班级情况等合理选择。

1）前端展示部分：电子班牌。

2）传输部分：交换机、传输线缆等。

3）管理／控制部分：系统管理工作站。

4）系统软件：管理软件等。

3. 系统功能、性能设计

1）系统功能

（1）电子班牌软件平台

电子班牌系统应包括电子班牌屏、手机移动端、电子班牌管理平台等应用。

根据各学校的实际情况，电子班牌系统须规划完整，设计合理，后期扩充能力强；系统平台易操作、易维护、易管理，便于使用。

（2）电子班牌屏

● 总体设计

①首页：首页模块是班级一般展示模式，基本学校及班级信息在首页进行展示，包含班级信息、考勤信息、多媒体展示、通知、值日生、课表、作业、天

气、重要节日倒计时等。

②班级：班级模块是展示班级信息及班级文化建设窗口，展示班级简介、班级成员、班级相册、班级荣誉、值日、课表、作业等。

③学校：学校模块是展示学校信息发布重要窗口，展示学校明星、学校通知、学校咨讯新闻等内容。

④签到：签到模块部署在班级门口，学生进（离）班级考勤，解决班级门口刷卡考勤的问题，并实现考勤数据推送，及时向相关教师和家长预警非正常考勤。

⑤学生：学生模块通过学生刷卡/刷脸等方式进入，查看个人自己的课表、成绩、考勤及联系人，并与联系人实现互动。

⑥设置：设置模块实现班牌与学校服务器地址绑定、新建班级的绑定以及手动校园一卡通卡片的绑定等。

● 首页信息展示

首页模式是日常学校生活中学生进行查阅信息、互动操作等方式来参与智慧校园生活的主要方面。

①班级信息：首页最上方展示班级名称，可以让观看者一目了然地看到班级。

②时间/天气预报：显示当前日期、时间以及当天的天气情况。

③重要节日倒计时提示：重要日子可以设置倒计时显示，时刻提醒学生重要日子的到来。例如距离中考 200d、距离六一 50d 等。

④通知：显示学校、班级通知，可选择首页、紧急、滚动显示模式等。

⑤图片视频轮播：资源展示是电子班牌的主要功能。可实现校园文化宣传、学生安全知识教育、学校新闻通知等重要功能。资源展示区域可以显示的模块有：校园新闻、校园活动、资源管理、通知公告等。

⑥考勤信息：显示班级考勤总人数、签到人数、未签到人数、迟到等考勤信息。

⑦值日生：显示班级班主任、班级当天值日生名单。

⑧班级课表：根据当前时间显示班级课表信息。

⑨班级相册：展示班级相册内容，点击可查看班级相册。

⑩作业通知：显示班级作业公告，点击可进入班级所有学科班级公告。

● 班级信息展示

班级模块是班级文化的呈现，是电子班牌的基础功能，通过电子班牌可以实时更新、呈现班级情况，海量存放班级精彩活动照片，记录班级大小事迹，体现丰富多彩的班级生活。

①班级简介：简介中展示班级基础信息，包括班级班主任、副班主任、班主任寄语、班级公约、班级公告等信息，并在教室更换后，重新绑定班牌账号即可展示。

②班级成员：显示班级上每个学生的头像和名称。头像上有数字个人消息提醒，提示用户有未读消息。

③班级相册：任何有关班级师生的照片，都可以通过建立不同的相册来分类保存，例如：班队活动、春游、运动会、节假日庆典等，并可设置为展示的照片内容。

④班级荣誉：提供奖状、奖牌、奖杯等模板为学生提供各种荣誉颁发，电子奖状是班级文化的重要组成部分，也是特色类型的支撑数据之一，可供电子班牌总平台进行统计与分析。

⑤班级值日：显示当天的值日生和值日排班表，值日表由班主任管理。

⑥班级课表：显示全周的课表和正在上的课程。

⑦班级德育：显示班级的德育分数和排名，以及德育项目每项扣分情况。

⑧班级作业：显示今天所上课程的所有作业情况。

⑨课堂直播功能（需对接）：可与课室内的录播系统对接，实时播放课室的上课情况。领导视察时，在室外便可一览课室的上课情况，减少对课堂上课的影响。

● 学校信息展示

学校模块是学校信息发布窗口，学校管理员可编辑发布校园明星、校园通知、校园资讯、校园活动等内容，同时可以在首页进行滚动显示。

①通知公告：学校管理员统一编辑学校通知在电子班牌显示，学生及时了解学校通知信息。例如，放假通知、活动通知等。

②校园活动：学校管理员统一编辑活动信息，以标题和图片在电子班牌轮播显示。例如，学校运动会、学校春游等活动。

③新闻资讯：学校管理员统一编辑学校新闻资讯，分条目在电子班牌显示，点击其中一条进入新闻资讯的详细内容。

● 出入班级签到

签到模块是实现走班制教学的重要纽带，走班制教学是教育部明确实行的教改内容，走班制实现了部分学科教师挂牌上课、学生流动听课以及推动大小班上课、兴趣班、选修课等多种教学形式。

刷卡考勤：学生通过在电子班牌刷卡可完成入班、离班的考勤。学生刷卡成功后显示学生的姓名、刷卡时间和到班的名次。考勤的结果及时通知到家长端。

● 学生中心

学生中心是学生通过使用校园一卡通，在电子班牌上操作个人相关功能模块。所有数据都与刷卡有关，不允许被其他用户操作，具备一定隐私性。例如学生刷卡进入教室，可以查看学生考勤情况、学生成绩等信息，查看家长的留言，语音实现与家长的互动。

● 系统设置

①系统设置：设置校服务器地址、班牌绑定班级、更改班牌密码。

②终端管理：管理平台可以查看学校各个班牌的运行状态，同时可以对电子班牌进行远程开关机等控制，还可以根据课程表设置定时开关机等任务。

（3）手机移动端

● 家长：家长移动端可以查看学校通知、学生成绩和班级相册，上传照片到班级相册，学生的签到信息会推送给家长；同时，可以和前端班牌学生刷卡登录的空间进行文字、语音、图片的互动。

● 教师：教师移动端可以发布通知给家长，查看全班学生的成绩和考勤记录；上传照片到相册，审核家长上传的照片。

（4）电子班牌管理平台

● 机构管理：根据学校所属地区、直属单位进行归属设置；新增学校班级信息以及班级任课表等，设置班级使用权限。

● 用户管理：用户分为家长、学生、教师和管理者四种类型。类型为教师和管理者才能登录管理后台。管理者具有系统的全部权限，可以根据学校情况进行相关角色管理，也可以根据管理权限进行相关授权。

● 内容管理：内容管理主要为学校层面的内容资源管理，包括学校资讯、校园明星、资源管理。内容资源既可从其他数据平台同步过来，也可在管理平台自行上传。管理平台可对本地上传的资源进行删除。将内容资源添加到班牌的播放列表时，在班牌首页资源播放区域以及校园模块进行播放，播放分为紧急插播、普通播放和定时播放，同时可指定播放的终端班牌或者全部播放。

● 校园管理：校园管理对学校通知、校园荣誉、德育考评、课表、考勤、应用管理等进行导入、编辑、管理等功能。

● 班级管理：班级管理员有对班级的信息、相册、成绩、作业、考勤、荣誉、值日生等进行导入、编辑管理等功能；

● 终端管理：管理平台可以查看学校各个班牌的运行状态，同时可以对电子班牌进行远程开关机等控制，还可以根据课程表设置定时开关机等任务。上传APK升级包，推送升级包到 Android 端自动升级系统。

● 选配：可根据用户需求，增加教学计划管理、智能排课、走班制选课等功能。

2）系统性能

（1）系统容量：系统中主要设备（服务器、交换机等）应不低于如下指标：

● 处理器：处理器利用率要低于业内警戒值范围，即小于或者等于 75%。

● 内存：一般情况下利用率要低于 70%。

● 磁盘：一般情况下磁盘繁忙率要低于 70%。

● 吞吐量：即网络吞吐量，一般情况下不能超过设备或链路最大传输能力的 70%。

（2）响应时间：指的是用户发出请求到得到系统响应的整个过程的时间，包含服务器端响应时间、网络响应时间和客户端响应时间，有如下指标：

● 刷卡考勤类的操作响应时间应不大于 2s，如走班教学刷卡考勤等。

● 信息查询类的操作响应时间应不大于 5s，如课表查询等。

（3）错误率：指系统在负载情况下，信息交互失败的概率。错误率 =（信息交互失败数 / 信息交互总数）× 100%。一般不超出千分之四，即成功率不低于 99.6%。

（4）稳定性：系统按照最大容量的 80% 或标准压力（系统的预期日常压力）情况下运行，能够稳定运行的最短时间。一般来说，系统正常运行 24h，至少应该能保证系统稳定运行 24h。

1.14.5 主要设备技术要求

1. 电子班牌管理软件

1）根据不同的使用人员，可设置多种不同权限。

2）支持多用户多客户端操作。

3）用于发布信息的编辑、用户管理、内容管理、校园管理、班级管理以及终端管理等。

4）根据学校要求，可与学校其他系统进行对接，如门禁、选排课等。

2. 交换机

1）固定端口：24×10/100/1000BASE-T 以太网端口，4×1000 BASE-X SFP 光口。

2）交换容量：256Gbps；包转发率：78Mpps。

3）VLAN：支持 802.1Q（最大 4K 个 VLAN），支持基于协议的 VLAN，支持基于 MAC 的 VLAN。

4）电口属性：支持半双工、全双工、自协商工作模式。

5）系统管理：支持 Console/Telnet/SSH 命令行配置，支持 FTP、TFTP 文件上下载管理，支持 SNMP V1/V2c/V3，支持系统工作日志。

3. 电子班牌

1）显示屏应不小于 16 寸。

2）支持 1024×768、1366×768、1280×720、1920×1080 分辨率，显示比例为 9:16。

3）具备至少一路 RJ45 网络接口。

4）可外接或内置摄像头，实现人脸识别要求（需求决定）。

5）具有内置 IC 卡刷卡器，实现考勤要求（需求决定）。

6）系统运行内存≥2GB，存储容量≥4GB。

7）操作系统采用 Android 7.1 或以上系统。

8）终端采用壁挂式，可安装上墙盖板，使用专用工具锁定，防止掉落。

1.15 校园物联网系统

1.15.1 校园物联网系统概述

校园物联网系统运用具有无线射频识别技术、传感器技术、嵌入式智能技术或图像识别技术等智能传感设备，实时感知需要的信息，按照约定的协议，通过多种网络接入方式，把校园内的各种物品与互联网相连接，进行信息交换和通信，实现物与物、物与人的泛在链接，实现对园区物品的智慧化识别、跟踪、监控和管理。

校园物联网系统是一个开放的、创新的、协作的、智能的综合信息服务平台，教师、学生和管理者可以全面感知不同的教学资源，获得互动、共享、协作的学习、工作和生活环境，实现教育信息资源的有效采集、分析、应用和服务，将学校打造成感知、服务、环保节能、安全稳定的智慧型校园。

1.15.2 校园物联网系统参考技术标准（表1-41）

校园物联网系统参考标准表　　　　　　　　　　　　表1-41

标准名称及编号	发布日期/实施日期	发布单位
《智慧校园总体框架》GB/T 36342—2018	2018年6月7日发布 2019年1月1日实施	国家市场监督管理总局、中国国家标准化管理委员会
《具有资源开放性的物联网能力要求》GB/T 40026—2021	2021年4月30日发布 2021年8月1日实施	国家市场监督管理总局、中国国家标准化管理委员会
《基于公众电信网的物联网总体要求》GB/T 40022—2021	2021年4月30日发布 2021年11月1日实施	国家市场监督管理总局、中国国家标准化管理委员会
《面向智慧城市的物联网技术应用指南》GB/T 36620—2018	2018年10月10日发布 2019年5月1日实施	国家市场监督管理总局、中国国家标准化管理委员会
《信息安全技术 物联网数据传输安全技术要求》GB/T 37025—2018	2018年12月28日发布 2019年7月1日实施	国家市场监督管理总局、中国国家标准化管理委员会
《信息安全技术 物联网感知终端应用安全技术要求》GB/T 36951—2018	2018年12月28日发布 2019年7月1日实施	国家市场监督管理总局、中国国家标准化管理委员会
《信息安全技术 物联网感知层接入通信网的安全要求》GB/T 37093—2018	2018年12月28日发布 2019年7月1日实施	国家市场监督管理总局、中国国家标准化管理委员会
《信息安全技术 物联网安全参考模型及通用要求》GB/T 37044—2018	2018年12月28日发布 2019年7月1日实施	国家市场监督管理总局、中国国家标准化管理委员会

1.15.3 校园物联网系统建设标准规定一览表（表1-42）

校园物联网建设标准规定一览表　　　　　　　　　　表1-42

序号	学校类型	建设要求
1	中学	学校可根据自身需求，在充分利用现有网络资源的前提下建设一卡通系统、出入口控制系统、视频安防监控系统、入侵报警系统、智慧教室系统、智慧班牌系统、智能手环系统、智能图书馆系统和能源管理系统等校园物联网应用
2	小学	

1.15.4 校园物联网系统建设要求

1. 基本要求

校园物联网系统应根据学校实际教育教学需求，充分利用学校已有的校园网、无线网等系统资源进行建设，前端感知点位选取应满足国家、地方对于相关应用系统（如视频监控点位）的针对性要求。

校园物联网系统选取的终端设备应满足以下要求：

1）模块化要求，易于扩充，独立传感器可单独组网亦可与其他终端设备共同组网实现联动控制；

2）满足稳定性要求，终端传感器应保证稳定、安全、可靠等特性；

3）满足兼容性要求，采用的数据采集器可兼容第三方传感器，根据业务需求匹配，并且后续网关设备兼容主流协议，可与其他传感器联合实现更多的场景化应用；

4）满足便利性要求，终端设备设计阶段应充分考虑到前期施工和后期维护，节省安装时间，便于维护；

5）满足安全性要求，感知设备、物联网网关、网络传输设备等应满足《信息安全技术 物联网数据传输安全技术要求》GB/T 37025—2018、《信息安全技术 物联网感知层接入通信网的安全要求》GB/T 37093—2018 等标准的要求。

2. 系统构成

校园物联网系统一般包括感知层、网络层、平台层和应用层。

1）感知层

感知层主要包括物联网接入网关、物联网终端、传感器、二维码标签和识读器、RFID标签和读写器、摄像头、GPS以及传感器网络等物联网端节点和网络。物联网端节点及网络，对环境的感知提供上传感知数据，使网络层、平台层及应用层获知物理世界的更多状况和变化，以提高应对和掌控能力，同时接收网络层、平台层及应用层下发的控制指令；物联网终端和物联网接入网关，提供物联网端节点及网络与网络层、平台层及应用层的远程通信能力和一些业务的处理能力。

2）网络层

通过无线、有线的接入网提供物联网应用的网络接入能力。

3）平台层

为应用层和感知层提供支撑能力，为校园物联网设备提供安全可靠的连接通信能力，向下连接海量设备，支撑数据上报至云端，向上提供API，服务端通过调用API将指令下发至设备端，实现远程控制。平台层主要包含设备接入、设备管理、安全管理、消息通信、监控运维以及数据应用等功能。

4）应用层

提供如一卡通系统、出入口控制系统、视频安防监控系统、入侵报警系统、智慧教室系统、智慧班牌系统、智能手环系统、智能图书馆系统等与校园教学、管理相关的应用系统服务。

3.系统功能、性能设计

1）感知层

校园物联网系统感知层利用传感器、采集器、RFID、二维码、视频监控等感知技术和设备，完成信息的采集以及控制命令的执行，实现校园教学、环境管理的数字化。在建设校园物联网系统时应充分利用先进的网络信息化技术，部署智能型物联专用网络环境，按需构建各类感知控制应用系统，实现对学校的深层次智能化管理。一般包括：基础物联网络环境、楼宇能耗监控网络系统、平安校园网络管理系统等。

（1）基础物联网络环境

充分结合下一代网络技术，部署IP有线核心网络环境，网络汇聚交换到楼。并着重在各楼群的进出入口、弱电房、控制室等数据汇聚点，机房、财务室、试验室等贵重物品、危险品存放点，以及图书馆、体育馆等重点区域进行接入网络布点布线。并对校区主要出入口、核心交通干道、停车场等区域进行高速无线网络信号的覆盖。通过基础网络环境的有效建设，为各个区域感知信息的获取与有效传输提供保证。

（2）楼宇能耗监控网络系统

一般包括对校园内主要楼宇的所有水电气抄表点配置各类自动抄表仪，对主要楼宇的高用电设备安装用电采集装置，对重要管道阀门配置远程可控接口，对监控系统增添控制功能模块等，实现所有水电气的自动能耗监控。

（3）平安校园网络管理系统

对主要试验室、危险品仓库、重要物品存放点等场所安装温度、气体浓度等检测传感装置，对各楼宇的主要出入口安装视频监控点，并联网实现安全信息的采集、分析与危害报警等功能。在主校门、校园其他出入口及停车场道闸点等处安装车辆交通信息自动采集装置与视频抓拍装置，结合校园卡，实现出入车辆的控制。

2）网络层

通过无线、有线的接入网提供物联网应用的网络接入能力。有线主要包括以太网、串行通信（RS-232、RS485 等）和 USB 等；无线一般分为近距离无线、短距离无线和长距离无线通信。近距离无线通信主要包括 NFC、RFID、IC 等，短距离无线通信主要包括 Wifi、ZigBee、蓝牙等，长距离无线通信主要包括 GSM（2G、3G、4G、5G 等）、eMTS、Lora、NB-IoT 等。

网络层应满足以下要求：

（1）网络拥塞控制：无线网及有线网应提供针对物联网业务的拥塞控制能力；

（2）IP 新协议栈的支持：无线网及有线网支持新的 IP 协议与现有协议的互通；

（3）无线网及有线网应提供远端设备管理功能；

（4）无线网及有线网应提供触发物联网终端发起业务建立的功能；

（5）无线网及有线网应提供网络地址转换（NAT）穿越功能；

（6）无线网及有线网应提供有效、多样的计费方式；

（7）提供对多种位置信息获取机制的支持：在有线网络中可根据物联网终端的接入线路 ID 获取终端位置信息，在无线网络中可使用 Cell-ID 确定终端的位置；

（8）实现信息透明，向物联网终端和物联网端节点的传递：网络层、平台层应向应用层提供存储转发、发送到终端组、广播发送等多种信息服务功能；

（9）提供对自组织网络的管理、配置等功能，所需的数据传输服务，差异化的 QoS 服务。

3）平台层

（1）设备管理

主要包含设备创建、维护、数据转换、数据同步、设备分布等内容。

（2）安全管理

主要是从设备安全认证和通信安全两个方面来保证物联网数据传输的安全性。

设备安全认证指设备接入物联网平台之前，需要通过身份认证，来保证设备的安全性。物联网平台支持使用设备密钥和 X.509 证书等方式进行身份认证。通信安全指数据传输层面的安全管理，支持 MQTT、HTTPS、CoAP 数据传输通道，保证数据的机密和完整性，支持设备权限管理机制，保障设备与云端安全通信；支持设备级别的通信资源（Topic 等）隔离，防止设备越权等问题。

（3）消息通信

主要包括设备端发送数据到物联网平台，物联网平台将数据流转到服务端 / 其他云产品，服务端远程控制设备 3 种消息传送方式。

（4）监控运维

主要涉及设备监控和运维两个部分。

监控诊断：物联网平台提供在线设备数量、上下行消息数量、规则引擎流转消息次数、设备网络状态等指标数据的实时监控功能；

OTA升级：设备投放出去后如果发生应用程序升级，则可以通过OTA升级与管理服务，实现远程升级程序的工作；

在线调试：在线调试主要用于程序开发阶段，一是设备端开发完成后，可以使用物联网平台的在线调试功能，从控制台下发至指令到设备端进行功能测试；二是物联网提供虚拟设备功能，供云端应用开发测试使用；

日志服务：可以将云端或设备端的运行日志保存下来供故障查询等使用，并且可以将日志数据导出存放起来进行长期存储。开通日志转储后，支持在物联网控制台查询分析日志，并提供日志报表、报表订阅、告警通知等功能。

（5）数据应用

主要涉及数据的存储、分析和应用。

数据备份：可为海量数据提供分发和备份服务；

数据分析：为开发者提供了设备智能分析，全链路覆盖了对设备数据生成、管理（存储）、清洗、分析及可视化等环节；

数据应用：可以跟第三方或者其他云产品进行结合，解决不同的问题。

4）应用层

校园物联网系统可以在构建智能化教学环境、支撑智能化教育管理方面建设多种应用层系统，一般包括一卡通系统、出入口控制系统、视频安防监控系统、入侵报警系统、智慧教室系统、智慧班牌系统、智能手环系统、智能图书馆系统和能源管理系统等。

（1）智慧教室系统

智慧教室系统围绕智慧教育与智慧物联管控两方面建设。

智慧教学包含在线学习平台、课堂互动教学平台、课程管理平台、移动学习平台。通过教学活动课前、课中、课后的业务场景梳理，定义符合教学活动开展需要的教学环节和流程，并通过全方位、无感知、即时的教与学过程数据分析，辅助教师、教学管理者做出科学的教学决策，进而有针对性地改善教学质量。

智慧物联管控包括灯光系统、窗帘系统、教学系统、空调系统、环境系统等。构建一体化智能的教室设施及环境感知设备，围绕教学提供场景化的教室状态控制，可进行自适应教学环境切换，同时满足资产管理、高效管理、状态可视、远程控制、多方式报修等教室管控能力。

（2）智慧班牌系统

智慧班牌系统以多媒体播放互动屏为硬件载体，针对智慧校园新媒体文化宣传等以"音、视频发布"为核心需求的应用，可将音视频、电视画面、图片、动画、文本、文档、网页、流媒体等进行展示发布，展示班级风采、教学特色，教学成果等班级文化，同时可配合一卡通或者NFC智能手环实现考勤管理。支持信息发布、文化建设、考勤签到、家校互动等功能。

（3）智能手环系统

智能手环系统为每个学生佩戴一个智能手环，智能手环可以实现校门出入考勤、校内定位、计步、心率、NFC一卡通、电子表等功能。利用智能手环收集的数据来分析学生行为，可以对学生进行实时、精确的行为轨迹记录，并对这些行为数据进行深层次分析，获得学习者的身体状态、学习、德育情况，从而借助智能手环为学校管理提供有价值的意见，有针对性地对教学管理方法、策略、过程等进行改进。

（4）智能图书馆系统

智能图书馆系统以射频电子标签技术为基础，对图书文献、书库书架以及借阅者实现一体化标识。智能图书馆系统一般以RFID为核心技术，包含通道管理、门禁管理、图书馆管理、自助借还书、自助文印管理、查询管理、图书防盗、电子读报、电子寄存柜、学生上机、图书馆IC空间管理、图书超期罚款自助缴费、移动端应用等子系统等功能。

（5）能源管理系统

能源管理系统采用数据融合、数据挖掘及远程动态图表生产等技术，实时从各子系统中提取数据，形成数据综合分析，通过WEB、APP发布形式可视化管理、操作、查看、显示。支持不同时间、空间维度的用电统计分析；可查看各区域实时功率、用电、电费，插座通电、断电、离线状态等用电情况；支持设置详细的用电计费模式，根据当地电费标准，能够计算出用户的电费，详细的计费明细，亦可呈现每个区域详细用电量和电费。

1.15.5 主要设备技术要求

1. 物联网端节点

1）支持将感知数据通过感知层网络传递到物联网接入网关；

2）支持物联网接入网关、业务平台或远程管理服务器对物联网端节点的认证；

3）支持物联网接入网关、业务平台或远程管理服务器对物联网端节点的参数和软件配置；

4）支持设备认证和业务安全、设备管理安全机制；

5）支持物联网接入网关、业务平台或远程管理服务器的性能和状态监测；

6）应能收集物理及化学环境信息，并能够以直接或间接的方式将这些信息发送到物联网接入网关、业务平台或远程管理服务器；

7）可利用无线网络、GPS、北斗全球定位系统、RFID、IEEE802.15.4等网络和技术实现自身的定位，并能够以直接或间接的方式将自身的位置信息发送到物联网接入网关、业务平台或远程管理服务器；

8）可提供远程控制执行能力，这些能力可供物联网接入网关、业务平台或远程管理服务器调用；

9）支持身份认证以及数据传输安全通道的建立。

2. 物联网终端

1）支持以 2G 移动通信、3G 移动通信、xDSL、FTTx、宽带无线接入等接入方式的一种或多种，将感知数据传输到业务平台和远程管理服务器；

2）支持业务平台和远程管理服务器对物联网终端的认证；

3）支持业务平台和远程管理服务器对物联网终端的参数和软件配置；

4）支持基于 QoS 策略对业务流进行优先级分类和调度；

5）支持用户认证和业务安全、设备管理安全机制；

6）支持业务平台或远程管理服务器对物联网终端的性能和状态监测；

7）可收集物理及化学环境信息，并能够以直接或间接的方式将这些信息发送到物联网接入网关、业务平台或远程管理服务器；

8）应提供远程控制执行能力，这些能力可供物联网接入网关、业务平台或远程管理服务器调用；

9）支持身份认证以及数据传输安全通道的建立。

3. 物联网接入网关

1）支持以2G移动通信、3G移动通信、4G移动通信、5G移动通信、xDSL、FTTx、宽带无线接入等接入方式的一种或多种，将感知数据传输到业务平台和远程管理服务器；

2）支持业务平台和远程管理服务器对物联网接入网关的认证；

3）支持业务平台和远程管理服务器对物联网接入网关的参数和软件配置；

4）支持用户认证和业务安全、设备管理安全机制；

5）支持业务平台或远程管理服务器对物联网接入网关的性能和状态监测；

6）支持协议转换功能；

7）可区分标识来自不同感知层网络的流量标识，满足业务区分与差异化计费要求；

8）支持对感知层节点计费信息的生成、上传；

9）支持身份认证以及数据传输安全通道的建立。

第 2 章

设计样例

本章节以中小学信息系统设计要点为基础框架，依托实际校园信息化建设项目案例，以样例形式说明了各信息系统的建设内容、系统架构、技术方案等，本章节内容对新建或改扩建校园信息化项目具有指导意义。

2.1 校园网设计样例

2.1.1 系统概述

××学校建成后，共有教室27个，其他功能用房30个，能容纳学生918人、教师200余人，教师与学生使用的笔记本电脑、台式电脑等设备对有线网络需求很大，所以需要构建一套符合安全相关要求，万兆骨干、千兆到桌面的高性能校园网系统。

2.1.2 建设标准依据

（1）《智能建筑设计标准》GB 50314—2015；
（2）《民用建筑电气设计标准》GB 51348—2019。

2.1.3 建设内容

本项目将建设符合相关安全保密要求，构建安全、万兆骨干、千兆到桌面的高性能校园网系统。系统设备主要包括核心机房内部署的万兆接入能力的核心交换机，教学楼、综合楼、风雨操场等建筑内弱电机柜，分控室内的各类接入交换机。系统通过多模光纤实现交换机之间的互联互通。在网络安全方面，考虑建设防火墙，确保网络安全系统的建设。

2.1.4 系统架构

学校网络整体考虑采用万兆主干，千兆到桌面的二层网络结构，包含网络核心层和接入层。

主机房核心交换机采用带有路由处理能力、VLAN 划分及万兆级联端口的三层交换机，接入层采用带有万兆级联端口的二层交换机。

在本项目中将三层交换机用在网络的核心层，用三层交换机上的万兆光纤端口连接二层接入交换机万兆光纤接口，实现学校万兆主干，千兆到桌面的性能要求。

当前，根据各区域的接入信息点数量等需求，规划了不同数量的接入交换机并有一定的冗余。接入交换机为双链路上行设计，保证了接入层数据转发的可靠性。

在网络出口，用防火墙做安全网关出口，保障网络流量进出口的安全。

为了网络的便捷运维和管理，部署了覆盖全网设备的网管平台，可以对全网设备进行细致的管理和实时的监控。可以及时看到网络拓扑、链路状态，并输出相应告警和日志，以及内置了丰富的报表功能，满足网管人员日报的各种组合需求。

对于网络用户的认证，部署有认证软件服务器，满足各种不同的接入认证方式以及访客管理。

2.1.5 建设方案

1. 核心层

核心层部署校园的核心设备，连接所有的接入交换机。核心层需要采用全连接结构，保持核心层设备的配置尽量简单，并且与校园网的具体业务无关。核心层设备需要具有高带宽、高转发性能，否则将无法支撑学校内外部的业务流量。

核心交换机位于教学楼 1 层的主机房内，是连接全校各接入节点和接入教育信息城域网的关键节点。因此，可靠性是核心节点的第一设计要素，其次是物理转发性能和可扩展性。核心交换机作为园区高速转发区域，需要 1 台高可靠性核心交换机，并使用万兆链路进行网络互联。

为保障满足学校网络需求，设备要求主要规格：

交换容量 ≥ 2.56Tbps，包转发率 ≥ 1920Mpps，引擎槽位数 ≥ 2，业务板槽位数 ≥ 6。

2. 接入层

接入层是最靠近终端用户的网络，为用户提供各种接入方式。接入层交换机除了需要具备丰富的二层特性外，还需要具备安全、可靠性等相关功能。

接入层交换机需要具有高密度、高速率的端口，以支持更多的终端接入校园网络。

接入交换机均为带有千兆级联端口的二层交换机，当前根据各区域的接入信息点数量等需求，规划了不同数量的接入交换机并有一定的冗余。

信息点根据前期学校工勘统计，实际部署接入交换机数量见表 2-1。

校园网部署接入交换机数量表　　　　　　　　　　　表 2-1

教学楼	信息点位	48 口交换机	24 口交换机	核心交换机	实际配置接口数	端口冗余率
主控机房	210	2	2	1	216	2.8%
分控机房	472	10			480	1.7%
风雨操场	24		1		24	0
传达室	12		1		24	50%
总计	718	12	4	1	744	3.5%

3. 设备规格

24 端口交换机：交换容量 250Gbps，转发性能 50Mpps，支持 24 个 10/100/1000M 自适应电口，2 个万兆 SFP 光口。

48 端口交换机：交换容量 250Gbps，转发性能 87Mpps，支持 24 个 10/100/1000M 自适应电口，2 个万兆 SFP 光口。

核心交换机：交换容量 ≥ 2.56Tbps，包转发率 ≥ 1920Mpps，引擎槽位数 2，业务板槽位数 8，含风扇阵列柜，支持整机 MAC 地址 ≥ 32K。

2.2 校园无线网设计样例

2.2.1 系统概述

通过几年的建设，为遵循国家对于"三通两平台"的教育资源建设的战略性部署，满足学校多种业务需求，构建各个学科基于"新基础、新课程、新技术"理念上的新的课堂教学模式，需要建设校园无线网络，进一步加强教育信息化系统基础网络接入能力，实行无线网络按需覆盖。

2.2.2 建设标准依据

项目技术标准设计主要参照国家及地方相关标准，包括：

1）《无线通信室内覆盖系统工程设计规范》YD/T 5120—2012；

2）《民用建筑通信管理标准》EIA/TIA 607；

3）《大楼通信综合布线系统标准》TD/T 926.1—2009；

4）《综合布线系统工程设计规范》GB/T 50311—2016；

5）《通信建筑工程设计规范》YD 5003—2014。

2.2.3 建设内容

校园无线网络系统建设，主要包括配备设备和安装调试相关工作。

1. 配备设备

包括 POE 交换机（包括交换机箱）、光汇聚交换机，放装型双频 AP、AC 主机、六类线、机箱等相关设备和施工辅材部分。

2. 安装调试相关

设备的安装、调试，有上级管理的情况下需与市（区）教委信息中心监控中心平台开展联调（IP 网络需统一规划）、试运行、开通、培训、技术文件整理、移交和质保责任等全部工作。

2.2.4 系统架构

在市（区）教育信息中心部署大 AC，统一管理全区无线设备，但因教学中产生大量并发数据，会出现连接延时较长、个别掉线等情况，不能很好满足学校的教学互动要求，为了缓解数据压力，需在每所学校内新增小 AC，完成学校局域网内无线数据的交换、转发；降低市（区）教育信息中心核心节点的网络负荷压力。

单一学校管理，配置只包括图 2-1 的左侧部分。

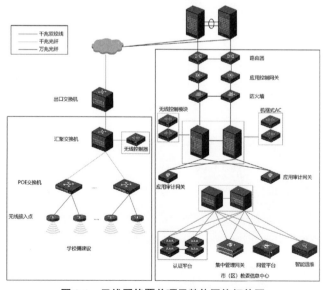

图 2-1 无线网络覆盖项目整体网络拓扑图

2.2.5 建设方案

1. 无线标准组网

本方案采用模块化设计思路，学校无线网络采用标准化网络模型，每个学校采用标准组网结构。根据学校实际情况，在教室及办公区等场所部署无线接入点，保证无线覆盖区信号无死角；AP 通过千兆接口上联 POE 交换机，每台 POE 交换机下联 15~20 个 AP（下联 AP 数量根据覆盖范围大小、AP 并发流量等因素确定）；全部 POE 交换机通过万兆接口上联到学校的汇聚交换机；学校本地部署的万兆盒式无线控制器采用旁挂的方式通过万兆接口连接到汇聚交换机上，学校本地教学服务器采用旁挂的方式通过千兆接口连接到汇聚交换机上；汇聚交换机上联出口交换机，通过出口交换机接入城域网。

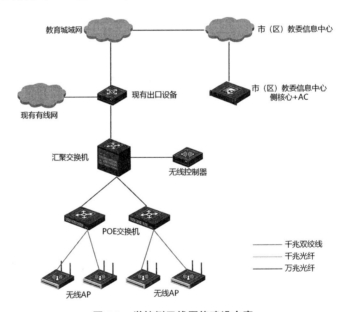

图 2-2　学校侧无线网络建设方案

学校端无线网络采用下沉本地无线 AC+ 瘦 AP 系统架构，本地 AC 和中心侧 AC 为集群配置，正常情况下，由本地 AC 对 AP 进行管控。图 2-2 中，灰色部分代表学校侧现有设备和网络，蓝色部分代表无线网络相关设备。

学校侧组网需要部署无线汇聚交换机、POE 接入交换机、无线 AC、无线 AP。

1）基础网络：由汇聚交换机和 POE 交换机构成无线网络的基础设施，汇聚交换机和 POE 交换机之间万兆链路互联，满足大流量应用的带宽需求。

2）无线架构：采用本地下沉 AC+ 瘦 AP 的架构，由本地 AC 负责 AP 的管理工作和数据转发；同时，学校侧本地下沉 AC 和信息中心侧 AC 形成集群，避免单点故障造成业务中断。

3）接入认证：用户接入认证采取集中认证，使用中心侧 SMP 系统进行认证，区内所有用户的账户统一配置在中心侧 SMP 上，实现用户 Portal+ 短信的认证模式；本地转发业务，采用 PSK 认证方式。

4）依据无线网络全覆盖的原则，在每个教室、办公区、公共区域等部署支持 802.11ac 标准的无线 AP，满足无线终端的接入。

5）教室：所有中小学的教室区域都视为高密度网络使用区域，采用单设备部署方式，即每个教室配备一个 AP，每个 AP 具备 50 个并发用户的系统承载能力。

6）办公区：所有中小学的办公区域都视为普通密度网络使用区域，无须为每个办公室单独部署 AP，可在办公区楼道中进行无线 AP 的部署。

7）操场及活动区域：所有中小学的室内外大型活动区域、操场、风雨操场都视为高密度网络使用区域，采用多设备部署方式，各活动区域按照区域面积大小配备多个 AP。户外操场、风雨操场、大型活动区域内布设的无线系统需支持至少 100 个网络终端同时上网的功能要求；中学的操场、风雨操场、大型活动区域内布设的无线系统需支持至少 200 个网络终端同时上网的功能要求。

2. 设备配置

该学校内教学楼一栋为异形楼，地上共四层，整体建筑结构分为两部分。方案里，在每间教室、试验室、备课室、机房等区域均布放一个 AP，教师办公室区域布放适量 AP 保证覆盖，每层 AP 均使用五类线加套 PVC 管连接该层的 POE 交换机。根据建筑结构，一层放置两个 16 口 POE 交换机，分别安装在主控室和南边厕所，下联南北两部分 AP；二层放置两个 16 口 POE 交换机，分别安装在影视后期制作室和广播室，下联南北两部分 AP；三层放置一个 24 口 POE 交换机，安装在库房下联北边部分 AP 兼顾四层 AP，同时放置一个 16 口 POE 交换机，下联南边部分 AP。在设备安装处要有 AC220V 电源同时配一两相及一三芯相座，并通过光缆或光纤连接至一层主控室中的汇聚交换机或传输设备，汇聚交换机上联至主控室中连接教育网的汇聚交换机或传输设备，最终至区信息中心，其中下沉 AC 旁挂于汇聚交换机上。

本方案共使用 1 台汇聚交换机，6 台 POE 交换机，64 个室内放装型 AP。详细料单见表 2-2。

序号	名称	单位	数量
1	8 口百兆 POE 交换机	台	
2	16 口百兆 POE 交换机	台	5
3	24 口百兆 POE 交换机	台	1
4	24 口汇聚交换机	台	1
5	单模光纤跳线（10m）	条	
6	千兆多模光模块	个	1
7	光电转换器	个	
8	空开箱	个	7
9	室内放装型双频 11n AP 主机	台	64
10	室外普通型双频 11n AP 主机	台	
11	多模光纤跳线（2m/3m/5m/10m）	条	
12	单模光纤跳线（20m 以上）	条	
13	光缆	米	70
14	光缆	米	
15	RJ45 水晶头	个	140
16	六类线	百米 / 条	27
17	PVC 管	米	1200
18	PVC 穿线软管	米	100
19	电源线	米	70
20	地线	米	70
21	防雷插座 (3 口)	个	7
22	托盘	个	
23	钢丝绳	米	
24	网络箱	个	7

3. 图纸设计

学校 AP 布放平面图如图 2-3 ～图 2-6 所示。学校 WLAN 系统如图 2-7 所示。

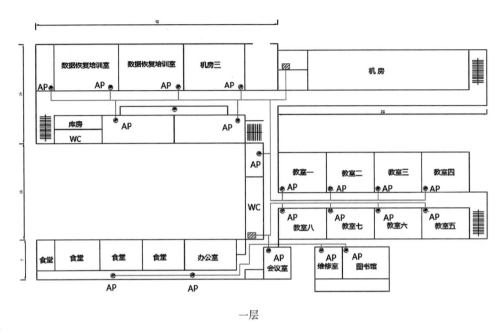

一层

图 2-3　学校一层 AP 布放平面图

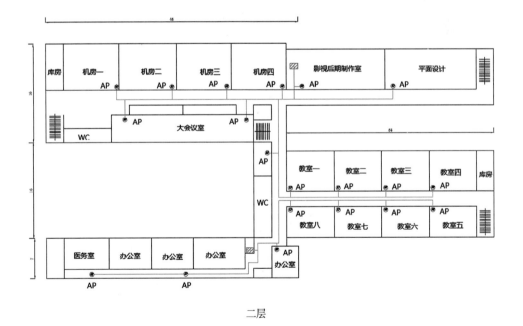

二层

图 2-4　学校二层 AP 布放平面图

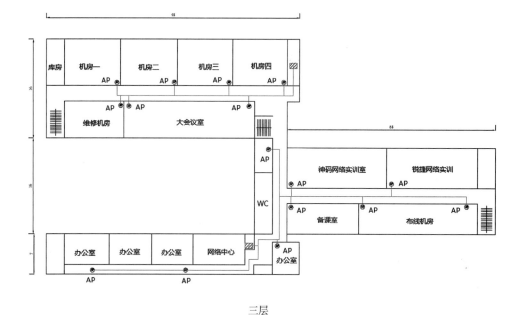

三层

图 2-5　学校三层 AP 布放平面图

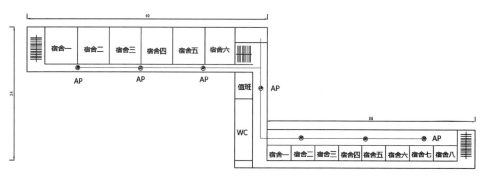

图 2-6　学校四层 AP 布放平面图

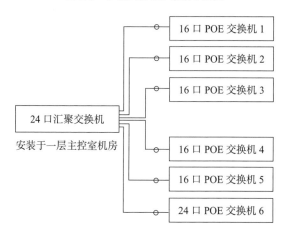

图 2-7　学校 WLAN 系统图

2.3 综合布线设计样例

2.3.1 系统概述

××学校由一栋五层的教学楼及一栋两层的风雨操场楼组成，本项目投入使用时，需实现全校园的信息化建设，其中包括 IP 广播、电话、IP 摄像机、有线网络、无线网络等多个系统都需要网络信息点位的支撑，学校需要通过校园综合布线部署相关网络信息点位，由于各楼层网络信息点较多，所以学校网络系统主干设计采用万兆多模光缆，分控室与核心数据交互采用 8 芯多模光纤；机房到各房间信息点位采用超六类非屏蔽双绞线线缆，共计 1312 个信息点位。

2.3.2 建设标准依据

1)《综合布线系统工程设计规范》GB 50311—2016；

2)《综合布线系统工程验收规范》GB/T 50312—2016。

2.3.3 建设内容

学校信息化校园信息点包括：办公网络、电话、无线覆盖、广播、门禁、安防，共计 1312 个信息点：

1）教学楼（1～5 层）：1149 个信息点；

2）风雨操场楼：76 个信息点；

3）室外看台及操场：63 个信息点；

4）传达室：24 个信息点。

详细内容见表 2-3 和表 2-4。

2.3.4 系统架构

综合布线系统包括教学楼、风雨操场楼在内的办公数据网络、电话、安全防范、门禁、广播、无线覆盖、视频会议等 1312 个信息点位的布设。

布线系统设计采用主干核心光缆，分控与核心数据交互采用 2 根 36 芯多模光纤作为主干；6 根 8 芯光缆，分别用于 2 间计算机教室各 1 根，1 间视听阅览室 1 根，传达室 1 根，风雨操场 2 根；水平配线到各房间网络信息点位采用超六类非屏蔽双绞线线缆；室外采用 8 芯多模光纤或根据具体产品需求选用其他线缆。

综合布线点位表

表 2-3

序号	名称	网络								门禁	安防					
		视讯考务	网络	信息发布预留	光纤点位	电话	无线放装	无线智分	广播		半球	枪机	球机	双鉴	报警按钮	周界
一、教学楼																
1	教学楼一层	38	96	20	0	16	40	0	17	31	1	22	0	7	0	0
2	教学楼二层	36	118	12	0	14	27	2	14	24	0	16	0	0	0	0
3	教学楼三层	33	130	12	0	20	25	2	14	24	0	17	0	4	0	0
4	教学楼四层	21	116	12	3	20	18	2	10	23	0	15	0	8	0	0
5	教学楼五层	0	36	2	0	8	7	1	2	5	0	8	0	0	0	0
二、传达室																
6	传达室	0	12	0	1	6	2	0	0	2	0	0	0	0	1	0
三、食堂、风雨操场																
7	食堂 -1F	0	10	0	2	2	7	0	1	5	0	12	1	0	0	0
8	风雨操场 -2F	0	14	0	0	2	10	0	1	1	0	6	2	0	0	0
四、室外操场及室外球场																
9	大操场	0	0	0	0	0	0	0	1	0	0	32	15	0	0	14
10	楼外草坪	0	0	0	0	0	0	0	1	0	0	0	0	0	0	0
	总计：	128	532	58	6	88	136	7	61	115	1	128	18	19	1	14

其他系统部署接入交换机数量表　　　　　　　　　　表 2-4

系统名称	信息点位	48 口交换机	24 口交换机	实际配置接口数	端口冗余率
校园无线网络系统	143		14	336	57%
安全防范系统	147		8	192	23%
广播系统	61	1	2	96	36%
智能卡（门禁）系统	115	2	2	144	20%

学校综合布线系统工程选用基于国际标准的超六类非屏蔽双绞线、光纤为主要传输介质，支持语音、数据、视频等信号的传输。综合布线系统配线架放置在教学楼 1 层主机房和分控机房，主配线架与分配线架之间采用多模光纤和非屏蔽大对数双绞线作为数据和语音的主干，配线架至工作区信息端口以超六类非屏蔽双绞线连接。每个工作区将根据具体情况配备信息插座。

2.3.5　建设方案

1. 工作区子系统

工作区子系统由插接模块及连接于设备与模块之间的各类跳线组成。工作区的信息出口（模块）遵循 TIA 568-A/B 的连线标准。其中的数据出口可以连接计算机、电话机、打印机、传真机、数字摄像机等设备。

工作区信息出口采用标准 86 暗装底盒，其下沿距地面 300mm。

每一信息出口的附近应安装 220V 强电插座，以便信息设备的使用。为了防止强电电源的电磁干扰，按照 ISO 11801 标准的规定，信息出口距 220V 强电插座的距离不宜小于 400mm。

本次工作区子系统语音及数据点位均采用超六类模块。

2. 配线子系统

配线子系统由楼层配线架到工作区子系统的线缆组成。

本次综合布线设计，配线子系统的线缆采用超六类非屏蔽双绞线布设。线缆敷设方式以楼道线槽敷设和室内暗敷为主。

3. 管理子系统

管理子系统应对工作区、电信间、设备间、进线间的配线设备、缆线、信息插座模块等设施按一定的模式进行标识和记录。

数据主干的管理采用 24 口快接式配线架，每个管理间配置配线架，数据的主干采用多模光纤，语音干线采用五类大对数线缆作为传输介质。

在管理子系统水平部分中，数据设备快接部分选用RJ45快接式配线架，用于管理水平部分的超六类非屏蔽双绞电缆；语音部分采用S110配线架进行管理。

对于跳线的管理，数据、语音配线架分别配置1U理线架，在充分利用机柜空间的同时，可方便、美观地对跳线进行管理。

4. 干线子系统

本项目中，干线子系统主要用于实现主机房与分控机房的连接。

本项目的垂直主干线数据部分采用多模光纤，语音部分采用大对数线缆；网络部分采用万兆多模光纤，千兆到桌面。

5. 设备间子系统

设备间是在每幢建筑物的适当地点进行网络管理和信息交换的场地。对于综合布线系统工程设计，设备间主要安装建筑物配线设备。电话交换机、计算机主机设备及入口设施也可与配线设备安装在一起。

本项目设备间布置在教学楼1层。设备间是布线系统干线的汇集点，主干数据网络光纤、主干语音大对数线缆均汇集此处。综合布线间的布线设备间内包括语音主配线架（采用110配线架），数据配线设备为24口光纤配线架以及用于数据链路备份的24口RJ45快捷式配线架，以及数据跳线、光纤跳线和语音跳线。

6. 建筑群子系统

建筑群子系统宜采用地下管道或电缆沟的敷设方式。管道内敷设的铜缆或光缆应遵循电话管道和入孔的各项设计规定。此外，安装时预留1~2个备用管孔，以供扩充之用。

建筑群子系统采用直埋沟内敷设时，如果在同一沟内埋入了其他的图像、监控电缆，应设立明显的共用标志。

2.4 机房设计样例

2.4.1 系统概述

××学校核心机房位于教学楼1层北侧，面积约为30.1m^2；分控机房位于教学楼1层南侧，面积约20.86m^2。

2.4.2 建设标准依据

1)《数据中心设计规范》GB 50174—2017；

2)《数据中心基础设施施工及验收规范》GB 50462—2015；

3)《通风与空调工程施工质量验收规范》GB 50243—2016。

2.4.3 建设内容

本机房工程主要包括机房装修工程、电气系统工程、空调系统工程、机房综合布线系统、安防系统。各子系统设计范围如下所示：

1）机房装修（包括机房吊顶、地板、墙面）；

2）机房电气系统（包括机房配电、UPS、照明、防雷接地等）；

3）空调系统；

4）机房综合布线系统（机房内机柜、柜间互联、接入光缆的敷设）；

5）安防系统（门禁及监控）。

2.4.4 建设方案

1. 地面工程

本次所选地板为全钢无边 600mm×600mm 的 PVC 防静电地板。该地板具有美观、耐用、防火、防滑、抗压、耐磨、耐腐蚀、防水、防渗透、无辐射、环保、卫生、易于施工的特点；承载能力强：均布载荷大于 1000kg/m^2；尺寸精度高、互换性好、组装灵活、维修方便。该地板不受环境影响，通体具有永久、稳定的防静电性能。系统由地板、横梁、支座组成，横梁和自身高度可调的支座用螺钉连接成稳固的下部支承系统，地板镶嵌入横梁围成的方格内。机房与外界连接的墙体或隔断的缝隙区、管线槽接口处均要封实，机房桥架、管路与外界连接处逐一检查封堵，拆除未用和闲置的管路。具体施工工艺如下：

1）机房原有水泥地面清扫干净后，刷两遍防尘漆。经防尘处理后，能达到不起尘，从而保证机房洁净。

2）地板设计高度为 30cm，地板下支架均要做好防静电接地。

2. 吊顶和墙面工程

顶面使用 600mm×600mm 的铝合金微孔顶棚。机房墙面采用防火乳胶漆进行装饰。

3. 机房配电

电子计算机系统按照规范都应采用频率 50Hz、电压 220/380VTN-S 或 TN-C-S 低压供电系统。电子计算机供电电源质量根据电子计算机的性能、用途和运行方式（是否联网）等情况，可划分为 A、B、C 三级。

供电电源质量分级见表 2-5。

机房电源技术规格表

表 2-5

项目	A	B	C
稳态电压偏移范围（%）	±2	±5	-13～+7
稳态频率偏移范围（Hz）	±0.2	±0.5	±1
电压波形畸变率（%）	3～5	5～8	8～10
允许断电持续时间（ms）	0～4	4～200	200～1500

本机房计算机设备通过 UPS 并机输出，供电电源质量满足 C 级标准。

4. 机房 UPS

机房计算机设备包括服务器、网络设备、通信设备等。由于这些设备进行数据的实时处理与传递，所以对电源的质量及可靠性要求很高，因此，该供电电源系统按照一级标准进行设计，由 UPS 直接供电。

在本机房内设计一个总交流转换柜，交流转换柜的一路输出给 UPS 不间断电源主机，然后 UPS 主机输出到 UPS 输出配电柜，再提供给机房的服务器和网络机柜供电；其他交流转换输出市电给空调、照明、插座等。

本项目配置 20kV·A UPS 电源设备和相应电池组，按后备时间 1h 计算配置电池。UPS 选型如下：

1）在线后备式 UPS，额定输出容量为 20kV·A；

2）输入电压范围：176～276V；

3）输入频率范围：46～54Hz；

4）输出电压范围：220（1±1%）V；

5）输出频率范围：50（1±0.1%）Hz；

6）常用提供 60min 备用供电能力。

5. 机房照明

在计算机机房内对照明系统的要求是：光线柔和，适合人体的生理需要，不能因照明设备产生的电磁波影响和干扰到计算机的正常工作。计算机机房内照明的质量包括：合理的照度、眩光、光的颜色、光效阴影以及照明灯具产生的电磁波对计算机的干扰。

具体设计方案如下：

1）照度选择：照度按机房标准设计为 500lx；应急照明照度：≥50lx。

2）灯管采用：灯管与灯盘相配可产生柔和的效果，不会产生眩光，特别适用于计算机机房。

3）灯具正常照明电源由照明配电柜供给，正常情况下荧光灯全都点燃，紧急事故时，自动切换至 UPS 电源供电，燃亮灯盘中的一根灯管。

4）照明配电线路主要敷设在吊顶内，选用阻燃聚氯乙烯绝缘铜芯线，敷设在金属电线管内，末端穿金属软管保护。

6. 机房防雷接地

本机房按照 C 级机房防雷接地设计，主要包括机房的交流工作地、安全保护地、静电泄漏地进行综合接地，即等电位联结。

1）计算机系统的交流工作接地

按国家有关规范中对电气的规定进行工作接地，即把中性点接地，也称把使用交流电的设备作二次接地或经特殊设备与大地作等电位联结。

计算机系统的交流工作接地的作用：稳定中性点接地电位；保障设备的安全。

2）计算机系统的安全保护地

当机房内各类电气设备的绝缘损坏时，将会对设备和操作、维修人员的安全构成威胁。为了保证设备和人身的安全，将机房内所有机器设备的外壳以及电动机、空调机等附属设备的机体与地之间做等电位连接，称为安全保护地。

计算机系统的安全保护地的作用：在绝缘被破坏时保护人身和设备的安全。

3）计算机房的静电泄漏地

将机房内容易产生静电的活动地板、饰面金属塑板墙均采用导线布成泄漏网，并用干线引至动力配电柜中交流接地端子。人员走动频繁和重要设备处，要不少于两处将地板支脚与等电位接地铜排相连；饰面金属塑板墙的金属框架和金属吊顶同样用静电泄漏支线连接，并且每一连续金属框架的静电泄漏支线连接点不少于两处。

4）机房内等电位联结

在主机房内沿四周及中间敷设铜排，构成一个田字形，作为等电位联结干线，与等电位接地箱内的接地干线相连。干线附近的设备接地直接接在铜排上，使机房内设备工作在一个统一的地电位上。

本项目将从大厦引入一条 BV 电缆，接入机房在地板下沿着地面上布置 40×3 紫铜排，形成闭合环接地汇流母排，供给一些对接地要求较严格的设备使用。

7. 机房空调

1）机房温度

本机房要求温度在 18～28℃。温度过高，半导体内离子的扩散或漂移加剧，会改变半导体的性能，并且会使半导体和机械装置内的腐蚀过程加速。

2）机房湿度

机房要求相对湿度在 35%～75% 之间，湿度过高和过低对电子设备会产生下列影响：

高湿度引起水蒸气附着于元件表面，影响元件电气性能；

高湿度会影响磁性材料的导磁率，造成读 / 写数据的瞬时错误；

湿度过大，会使某些机械装置打滑，影响稳定性；

湿度过大，会使接插及各接触部分氧化生锈，造成接触不良；

低湿度产生静电，人亦容易带电，易使信息丢失和破坏半导体元件。

温度、湿度、洁净度对于计算机及网络通信设备的正常运行及寿命都有很大的影响，要满足机房对温度、湿度要求，主要靠空调设备来保证，所以应根据具体情况选择合适的空调系统。

机房空调的任务是为保证计算机系统能够连续、稳定地运行。一个整体的计算机空调系统设计需要综合考虑房间的布局和功能划分。

为了满足本机房的需要，同时最大限度地降低投资成本，根据机房功能区域的需要设计空调系统。由于本机房精密设备多，对环境的温湿度要求高，考虑设置精密空调。

在计算空调负荷时，要考虑以下损失因素：

（1）机房内设备的散热；

（2）建筑围护结构传热；

（3）通过外窗进入的太阳辐射热；

（4）人体散热；

（5）照明装置散热；

（6）伴随各种散湿过程产生的潜热。

因此，选择空调机时，应在计算热负荷的基础上计算出空调容量之后，根据具体情况选择合适的精密空调。本机房估算每个机柜 3kW 负载，共 6 个机柜，总负载 18kW，机房配备 1 台 12.5kW 和 1 台 5.5kW 的精密空调。

精密空调详细信息见表 2-6。

空调技术规格表　　　　　　　　　　　表 2-6

机组配置	单位	单冷	恒温	恒温恒湿
12.5kW 柜式精密空调机组				
总冷量	kW		12.5	
显冷量	kW		11.3	
风量	m³/h		2850	
显热比	%		90	
加热量	kW	—	4	4
加湿量	kg/h	—	—	4
压缩机数量	pcs		1	
风机数量	pcs		1	
电压	V		380～415	
频率	Hz		50	
相数	P		3	
满载电流	A	10	16	16
机组重量	kg	165	170	180
机组宽度	mm		650	
机组深度	mm		550	
机组高度	mm		1850	
5.5kW 精密空调				
总冷量	kW		5.5	
显冷量	kW		5.2	
风量	m³/h		2000	
显热比	%		95	
加热量	kW	—	3	3
加湿量	kg/h	—	—	2.5
压缩机数量	pcs		1	
风机数量	pcs		1	
电压	V	220～240	220～240	380～415
频率	Hz		50	
相数	P	1	1	3
满载电流	A	11.1	24.7	15.6
机组重量	kg	105	110	120
机组宽度	mm		550	
机组深度	mm		450	
机组高度	mm		1750	

（1）空调功率：12.5kW；

（2）冷暖类型：单冷型；

（3）空调技术：变频；

（4）节能等级：1级。

8. 机房安防

门禁子系统通过读卡器，只有经过授权的人才能进入受控的区域门组，读卡器能读出卡上的数据读取信息并传送到门禁控制器，如果允许出入，门禁控制器中的继电器（Relay）将操作电子锁开门。

本系统的实施将有效保障学校机房内的人、财、物的安全以及内部工作人员免受不必要的打扰，为本学校建立一个安全、高效、舒适、方便的环境。

智能门禁管理系统将感应卡与电子锁有机结合，进而由感应卡代替钥匙，配合电脑实行智能化管理，有效地解决了传统门锁的多种不足，其强大的扩展功能更是会给人们带来意想不到的方便。该子系统由感应卡、感应读卡器、门组、门禁控制器、网络控制器、门禁管理软件等组成。本机房智能卡（门禁）系统可作为校园门禁系统的一部分来实现。

9. 机房平面布置图

主机房、分控机房设备部署图如图 2-8～图 2-11 所示。

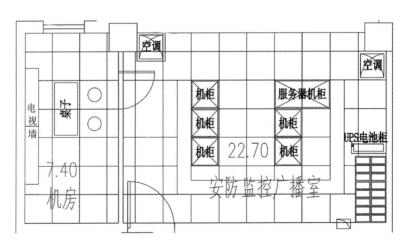

图 2-8　主机房设备部署图

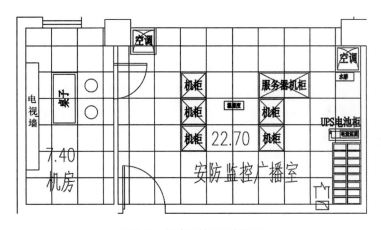

图 2-9　分控机房设备部署图

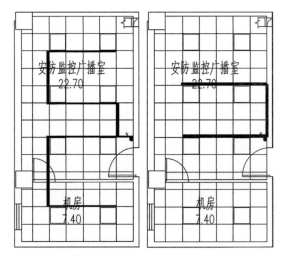

图 2-10　机房环境监测部署图

图 2-11　机房常规照明（左）和应急照明（右）设备部署图

2.5 视频安防监控设计样例

2.5.1 系统概述

为了建立与社会经济发展相适应的社会治安长效防控体系，满足社会和中小学日益增长的治安防范需要，贯彻落实教育内部单位安全防范的职责，计划在××区教育安防监控系统基础上，对学校重点安全防范部位实现全面覆盖，为××区教育应急指挥系统建设提供有效的信息支撑。

2.5.2 建设标准依据

1)《民用建筑电气设计标准》GB 51348—2019；

2)《信息技术设备 安全 第1部分：通用要求》GB 4943.1—2011；

3)《安全防范工程技术标准》GB 50348—2018；

4)《综合布线系统工程设计规范》GB 50311—2016；

5)《公共安全视频监控联网系统信息传输、交换、控制技术要求》GB/T 28181—2016。

2.5.3 建设内容

学校内部监控系统包括交换机（配套光模块）、NVR存储转发主机（硬件、软件、授权以及配套硬盘）、客户端软件、球型摄像机、枪型摄像机、监控用PC、监视器、监控电视墙、监控立杆、光纤收发器、防雷模块等设备及相关施工辅材部分。同时，包括以上设备的安装、调试、与××区教育安防监控系统视频核心平台联调（IP网络需统一规划）、试运行、开通、培训、技术文件整理、移交和质保责任等全部工作。

监控摄像机范围依据表2-7的标准进行配备。

安防监控全覆盖建设标准 表 2-7

序号	范围	配置标准	照射方向	设备名称
1	学校主大门口	配备1个球机	内外照射	红外球型可变焦摄像机
2	其他大门口	配备1个球机	由内向外	红外球型可变焦摄像机
3	所有围墙拐角	每拐角1个球机（围墙在70m内可为一个）、1个定焦枪机	90°	红外球型可变焦摄像机 红外定焦摄像机

序号	范围	配置标准	照射方向	设备名称
4	所有楼层、楼道	每50m1个、每层楼梯1个	单方向	红外定焦摄像机
5	楼层大厅	首层大厅1个	由内向外	红外定焦摄像机
6	楼门	每门1个	由内向外	红外定焦摄像机
7	活动区域	每活动区域1个球机	360°	球型摄像机

2.5.4 系统架构

区级整体安防监控系统具体架构如图2-12所示。

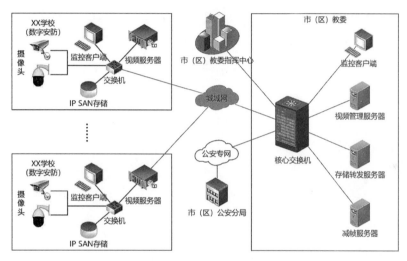

图2-12 区教育安防监控系统架构

具体到××学校，校园内安防监控架构如图2-13所示。

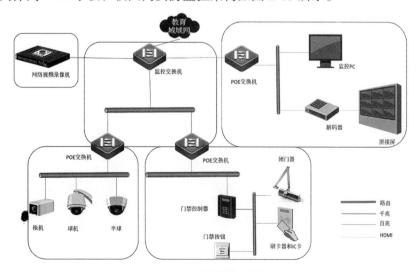

图2-13 安防监控拓扑图

校园安防监控系统应由以下主要部分组成：

1）交换机：带 POE 功能交换机完成对监控摄像头的供电及数据高速传输。

2）NVR：集存储和转发于一身，和客户端软件配合，可完整地实现数字录像和回放功能，支持多种存储方案和录像方式，支持多画面同时回放和多种回放操作。

3）监控电视墙：2×2 的 46 寸液晶拼接电视墙，1080P 高清数字信号实现远距离同步实时播放、设备集中管理及网络传输。

4）前端摄像机：最高分辨率可达 1920×1080，在该分辨率下可输出实时图像，支持数字降噪功能；支持 POE 供电功能；支持双码流，支持手机监控；支持背光补偿，自动电子快门功能，适应不同监控环境；接入协议：标配 ONVIF，GB/T 28181—2016；支持音频输入输出；"走廊模式"支持宽动态、智能红外、透雾、全景拼接。

5）在室外安装的摄像机考虑摄像机的防雷问题。

6）针对距离较远的摄像头还应采用光纤连接方式，确保网络接入。

2.5.5 建设方案

1. 校园安防监控系统设计

1）校园安全防范部位设计

（1）学校周界及出入口；

（2）学校监控报警室；

（3）学校财务室、库房（储藏室）、食堂（餐厅）；

（4）学校实验室、计算机室（多媒体教室）、陈列室、具备价值较高电化教学设施的教室；

（5）学校学生宿舍楼主要出入口和通道；

（6）学校内办公、教学楼主要出入口；

（7）学校内机动车和非机动车集中存放场所；

（8）学校内主要室内外活动场所；

（9）学校内与上述部位相关联的涉及学校安全与秩序的其他场所和部位。

2）校园视频监控系统设计

（1）校园出入口设计

在校园出入口通道安装红外球型摄像机，大倍数变焦配置可以对所监控的图像分析得更加精细，能实现对校园门口情况的信息记录，保障好校园的第一道防线；同时，由于安装于室外，需加装防雷模块。

（2）校园操场设计

在学校操场安装红外球型摄像机，满足操场大范围监控场所的需要。该摄像机具备大倍数光学变焦，能够实现整个操场的宏观图像采集和局部图像的清晰显示；同样，由于安装于室外，需加装防雷模块。

（3）校园室内通道设计

在学校楼内通道、大门口通道等处安装红外枪型摄像机，实现对进出大楼人员和发生状况的实时图像采集。

（4）摄像头安装规范

● 满足监视范围，能够互相配合消除盲点；环境照度能够满足摄像头采集图像需求；避免逆光问题；室内距地 2.5m，室外距地 3.5m 安装；也可根据应用需求，确定合理的安装高度；

● 摄像头及其配套设备要牢固地固定在底座或支、吊架上，运转灵活，有防破坏措施，与环境协调；

● 视频线缆进行保护，安装线槽或线管；

● 信号线和电源线分别引入，外露部分用软管保护，缆线留有足够长的余量，不影响云台转动；

● 架设在室外的摄像机（如操场）满足地区的环境和防雷击要求，对电源、视频信号和控制信号进行防雷保护；

● 摄像机安装如需立杆，要确保牢固，立杆表面作防腐处理；

● 根据摄像机安装现场环境，选配相应的镜头、红外灯、支架等。

2. 本地存储系统设计

学校图像本地存储 30d，根据学校特点，设置录像为 24h 录像。本项目为学校配备 88 块 3T 硬盘，可以满足 30d 的存储要求，见表 2-8。

本地存储系统设计　　　　　　　　　　　　　　表 2-8

单路码流	单路 1h 录像存储量	单路 1d 录像存储量	单路 30d 录像时间存储量	数量	录像空间（T）
4Mbps	1800M	42.16G	1.23T	186 路	229

综合考虑格式化损耗及 Raid 空间损耗（229×1.15=263TB），配备 88 块 3TB 硬盘。

3. 监控中心控制室设计

在学校网络中心或者具备基本机房条件的房间设置监控中心控制室;

在监控中心控制室配备 1 套存储设备,以满足 30d 本地存储的要求;

在监控中心控制室配备 1 台三层交换机,作为监控网络的主交换机,用于连接各图像监控视频设备;

在监控中心控制室配备 1 台报警主机,实现报警信号的接入和联动;

监控中心控制室配备 2m 的机柜用于安放安防监控设备。

4. 视频监控平台设计

学校端视频监控平台主要功能如下:

1)网络客户端可实时监视多路实时图像并实现一机同屏同时监视;多个网络客户端可以同时监控任一前端图像。

2)在显示器上可以实时显示前端任意一个监控点的图像,可以在 1、4、6、8、9、10、13、16、全屏等多种画面分割模式中切换显示。

3)摄像机分组:支持按照监控区域和实际使用情况(如行进路线)分组,设置简单;同时支持服务器的统一分组(物理分组)和客户端的每个用户自定义分组(逻辑分组)。

4)轮巡:系统具备视频自动巡视功能,在可设定的间隔时间内对全网的监控点进行图像巡检,参与轮巡的对象可以任意设定,轮巡间隔时间可设置,分为组内轮巡和组间轮巡。

5)摄像机信息设置:可设置系统内所有摄像机的位置、IP、名称、所在区域、场所等信息。

6)支持实时设定音视频编解码器的各种参数,如码率、品质、分辨率、制式、帧频、色彩、音量等。字符叠加和图像屏蔽:可在图像的任意位置叠加名称、时间、场地等字符信息;可在图像的任意位置叠加图片和黑屏框以屏蔽需隐藏的图像区域。

7)快球控制:支持方向控制、自动扫描、预置位管理、光圈焦距管理、镜头缩放;速度可调;支持灯光、雨刷、电源开关控制;支持自定义辅助开关控制;支持摄像机锁定与解锁;方便进行快球控制器的参数设定。

8)支持手动录像、自动定时录像、动态感知录像、报警联动录像、视频丢失报警录像、循环录像和报警预录像。

9)支持服务器录像和本地录像。

10）多画面同时回放：支持同时回放多个服务器或本地的多个存储通道的同一时间的录像文件，多达 16 画面同时同步回放，支持 1/4/6/9/16 画面显示。

11）支持多种回放操作：回放时可以进行暂停、播放、停止、快放、慢放、单帧步进、单帧后退、循环播放、精确定位到某帧、打印、缩放、备份、调节音量、调节亮度 / 色度 / 对比度 / 色调等操作。

12）画面抓拍：将任意一帧回放图像存放成 JPG 或 BMP 格式的图片。

13）支持节假日设定、预录像设置、录像文件最大长度设定、存储容量设置和状态显示。

14）支持文件生存期设定和录像状态（自动、手动、报警、运动检测）显示。

15）录像工作表：可为每个摄像机指定录像工作表。工作表可按周一至周日以及节假日的不同时间段，分别指定不同的动作设定。

16）录像文件检索：支持按日期、时间、类型、服务器、通道检索客户端本地或远程服务器端录像文件，检索后还可以按日期时间、通道、服务器、类型来过滤。

5. 室外监控设备防雷设计

视频监控系统的前端设备多安装于室内外需要监视的场所，在室内及室外大部分安装环境中几乎不存在直击雷击中摄像机的情况，或者说概率很小；少数情况可能将摄像机安装于建筑物顶部突出的部位，有可能被雷电直接击中，需要对其做直击雷保护。

对于雷电电磁脉冲的感应，无论其安装位置如何，只要是处于电磁环境中都有可能从各种途径引入感应雷击过电压，特别是室外的前端设备以及与主控机房间连接线较长的设备引入感应雷击的概率和强度与其安装位置的电磁环境恶劣程度、线路布线长度及布线方式有很大关系。通常，监控设备的雷击事故原因多是从传输线、电源线感应引入的过电压超出设备自身绝缘冲击耐受能力而导致内部器件击穿、烧毁。而且，雷电感应过电压沿线路的传播方向是向两端以波的形式传输，两端的设备都有可能受到感应过电压的威胁。

由此分析，针对视频监控系统的防雷主要是防范线路上的感应过电压，将可能引入设备的过电压抵制到设备可承受的水平以下，并通过等电位联结、接地等方式消除电位差、泄放雷电电荷能量。

在视频安防监控系统中主要通过安装防雷器防雷。在前端设备处安装的防雷器（按摄像机类型不同，安装二合一或三合一型产品）通常要考虑室外防水的要求，一般应配置防水箱保护。将防雷器固定于防水箱内，与设备相连接的线路进入箱内与防雷器的"IN"端按视频线、电源线、控制线的分类、接头类型及线序分别连接，再从防雷器的"OUT"端分别引出接至摄像机。防雷器的安装位置应尽可能靠近被保护的摄像机，同时注意防雷器的输入、输出线不可绑在一起敷设，必须向不同的方向或垂直敷设，避免二次感应；在主控机房内的设备端口处，也应安装不同类型的防雷器，如视频线安装单个接口的视频线防雷器、集中供电的电源线在出机房前安装与工作电压匹配的电源防雷器、控制线在总线处安装 RS485 总线防雷器等；同时，为机房内设备供电的低压交流线路也应按标准分级安装电源防雷器，满足前级大通流量、后级低电压保护水平的需要。在主控机房与其他系统有信号传输时，还应考虑传输线进入机房后的等电位及防雷问题，如光缆的金属芯接地、其他类型的传输线安装信号线专用防雷器等。

2.6 出入口控制系统设计样例

2.6.1 系统概述

在数字技术和网络技术飞速发展的今天，出入口控制系统早已超越了单纯的门道及钥匙管理，它已经逐渐发展成为一套完整的出入管理系统。它在工作环境安全、人员考勤管理等校园管理工作中发挥着巨大的作用。

出入口控制系统是基于以太网模式工作的网络化的 IC 卡门禁系统，系统由中心库和 SQL 本地数据库、门禁系统、通信采集程序、门禁控制器、读卡器、门磁、电控锁、开门按钮等软硬件组成。人员在出入口读卡器上读卡，如卡有效，控制器会打开电子锁，如果该卡不被允许，读卡器和控制器均会报警，以提示管理人员，同时电子锁将不会打开。

2.6.2 建设标准依据

项目技术主要参照国家及地方相关标准，包括：

1)《民用建筑电气设计标准》GB 51348—2019；

2)《电气装置安装工程 电气设备交接试验标准》GB 50150—2016；

3)《综合布线系统工程设计规范》GB 50311—2016；

4)《安全防范工程技术标准》GB 50348—2018。

2.6.3　建设内容

门禁系统主要由门禁控制器、门禁读卡器、出门按钮、电控锁、门磁组成。

门禁控制器：门禁系统的核心组件，用来判断卡片信息的合法性，管制数据等，从而通过继电器来控制锁的开关。并负责存储大量的信息记录和人员信息。

门禁读卡器：负责读取卡片的信息，并将该信息上传到控制器。

出门按钮：开门的输入设备。

电控锁：用来控制房门的开关。

门磁：用来判断房门的开关。

2.6.4　系统架构

出入口控制系统架构如图 2-14 所示。

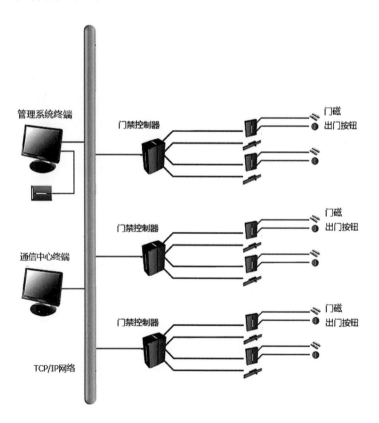

图 2-14　出入口控制系统

2.6.5 建设方案

1. 开门方式管理

门禁系统对开门方式的管理分如下几种：

1）刷卡开门：合法卡刷卡即开门；

2）密码开门：输入开门密码即开门；

3）刷卡加密码开门：合法卡刷卡并输入开门密码开门；

4）刷卡＋触发开门：合法卡刷卡外加触发输入（如指纹）开门；

5）刷卡＋密码＋触发开门：合法卡刷卡并输入开门密码、外加触发输入（如指纹）开门；

6）刷卡不开门（常闭）：刷卡不开门。

2. 权限管制

系统可以针对不同的用户在不同的时间灵活自定义开门方式和开门权限。它通过时区、周计划、假期信息、假期计划、管制群组来实现灵活、方便、复杂的控制：

每个门禁控制器支持 100 种自定义时区，一个时区可分 5 个不同的时段（时段精确到"min"）定义不同的开门方式，即刷卡、刷卡加密码等等；如可以规定 0～8 点刷卡不开门，8～17 点刷卡开门，17～20 点刷卡加密码开门等等。

每个门禁控制器支持 100 种自定义周计划，一个周计划即定义一周内每天的时区控制规则；

每个门禁控制器支持 100 种的自定义假特殊时区 - 假日信息（比如五一劳动节假日、十一国庆节假日等），每条假日信息可以定义开始与结束时间；

每个门禁控制器支持 100 种自定义的假期计划；假期计划可由不同的假日组成，可针对不同的人管制不同的假日信息；

每个门禁控制器支持 100 种管制群组，一个管制群组由周计划和假期计划组成，可以灵活定义不同的人员属于不同的管制群组；

由此可知，门禁系统可以控制任何一个合法持卡者在任何一个房门的任意时刻的开门权限和开门方式。

3. 多卡认证

系统支持多卡认证功能。多卡认证是指需要多个合法持卡者在一定的时段内都进行刷卡，才能打开房门；门禁系统可以指定对某个房门进行单卡认证或多卡认证；多卡认证时，还可以指定必须要参与刷卡认证的卡片数量，如将某房门定义为 4 卡认证，并设置需要两张指定的特权卡参与，则必须要有两张对当前房门有权限的合法卡外加两张指定的特权卡片刷卡，才能开启房门。

4. 自动与手动的布防 / 撤防

系统支持对指定房门的自动布防和撤防功能，可以在有权限的情况下指定某些房门在到达指定的时间段内使其处于布防状态。过了这段时间之后，系统会自动撤防；也允许在有权限的条件下，随时对房门进行布防和撤防操作。

2.7 入侵报警系统设计样例

2.7.1 系统概述

入侵报警是将传感技术、电子技术、计算机技术、通信技术等应用于探测非法入侵和防止非法盗窃等犯罪活动的重要技术手段。入侵报警系统是由报警探测器、传输系统和报警控制器组成。当探测器检测到防范现场有入侵者时，产生报警信号并通过传输系统送到报警主机。报警主机经识别、判断后发出声、光报警，还可以控制多种外围设备（如现场照明灯、启动录像等）。

2.7.2 建设标准依据

1)《民用建筑电气设计标准》GB 51348—2019；

2)《电气装置安装工程　电气设备交接试验标准》GB 50150—2016；

3)《综合布线系统工程设计规范》GB 50311—2016；

4)《安全防范工程技术标准》GB 50348—2018。

2.7.3 建设内容

本项目建设 1 套入侵报警系统，涉及设备包括报警主机 1 台、双鉴探测器 19 个，红外对射探测器 14 对，紧急报警按钮 1 个等。

2.7.4 系统架构

报警主机通过串口与视频管理控制设备相连，可以将报警信息输出至上一级报警中心。图 2-15 为入侵报警系统架构。

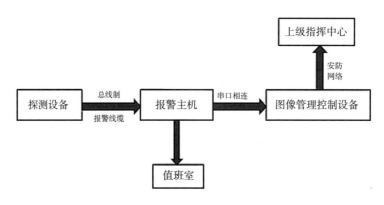

图 2-15　入侵报警系统架构

2.7.5　建设方案

1. 安装点位

本项目中共包含双鉴探测器 19 个，紧急报警按钮 1 个，红外对射探测器 14 对，具体建设点位如表 2-9 所示。

防盗报警系统点位表 表 2-9

序号	名称	双鉴探测器（个）	红外对射探测器（个）	紧急按钮（个）
1 层	安防监控广播室	1		
	弱电间	1		
	准备室	1		
	化学试验室 1	2		
	化学试验室 2	2		
3 层	生物试验室（解剖室）	2		
	物理试验室（光学）	2		
4 层	视听阅览室	2		
	计算机教室	2		
	计算机教室（数字试验室）	2		
	生物试验室（显微观察室）	2		
传达室				1
室外	大操场		14	
总计		19	14	1

2. 关键设备

关键设备技术要求如下：

中小学校信息化设计实用指南

1）报警主机

支持本地 8 路开关量输入，4 路触发器输出，支持总线扩展 248 路开关量输入，64 路触发器输出，扩展总线总长度达 2.4km（1.5mm²），支持 8 个独立子系统，1 个公共子系统，支持报警联动输出，事件触发输出 / 关闭，支持 AC 220V 主电源接口，主辅电源可自动切换。

2）双鉴探测器

采用多普勒（效应）+ 能量分析；微波采用 X-Band 平面式天线；微波探测范围可调节；自动温度补偿专利技术，超强抗误报能力；抗白光专利技术，强度高达 20000lx；LED ON/OFF 可选，脉冲计数可选。

3）红外对射探测器

红外警戒距离：50m；最大射束距离：1000m，选用高性能的红外线发射 / 接收对管，全新的杂光滤波面壳，可有效滤除杂光干扰，对射光轴可灵活调整，高精度瞄准器配置，可提高光轴校准率，设备状态 LED 指示，方便安装和运行检测，适用于较长距离的区域防护。

2.8 教学录播系统设计样例

2.8.1 系统概述

教学录播系统是把现场摄录的视频、音频、电子设备的图像信号（包含电脑、视频展台等）进行整合同步录制，生成标准化的流媒体文件，用来对外直播、存储、后期编辑、点播。把录播系统和学校教学整合起来，在学校的教室安装摄像机，通过摄像机多方位对精品课程和重要会议等采集信号录制到计算机硬盘中，学生或者教师可以从不同的摄像机视角观看录像文件。同时，也可以对网上的信息源进行整理上传，达到充分利用网络学习资源的目的。

2.8.2 建设标准依据

1）《教学录播系统设计规范》DB34/T 2318—2015；

2）《会议电视会场系统工程设计规范》GB 50635—2010；

3）《综合布线系统工程设计规范》GB 50311—2016。

2.8.3　建设内容

录播系统主要由录播主机、图像跟踪定位系统、音视频处理系统、资源管理平台等构成。

录播教室视频采集：配置不少于4台高清云台摄像机，主要用于教师特写、教师全景、学生特写、学生全景的高清视频信号的采集，通过高清3G-SDI视频线传输至录播主机中，进行高清视频采集、图像合成、编码。

录播教室音频采集配置：配置1套无线话筒，主要用于教师的声音采集及本地扩声，顶棚吊装6个强指向性话筒进行教师及学生的声音采集。音频经过数字音频矩阵的均衡、降噪和混音等处理后，输出到录播一体机进行音频的录制、直播及存储。

教师及学生图像跟踪配置：配置1台图像跟踪一体机及2台定位摄像机分别对教师、学生进行智能图像分析，并自动完成跟踪切换，大大地减少了利用传统录制系统需要人为地对教师进行专业摄像的要求，从而减轻了工作量，减小了人力投入。上课时只需按照常规上课模式进行正常教学活动即可，教师及学生无需佩戴任何定位跟踪设备，抗干扰性强。

预监电视：在录播教室侧墙上安装一台预监电视用来实时显示教室内的录播画面。授课教师可以实时了解自己的讲课状态，便于及时调整肢体动作，以保证精品课录制的效果。

LED时钟：在录播教室的后墙正上方安装一块LED时钟，未开始录课时显示标准时间，当教师按下开始录制以后，课程录播开始，同时LED时钟从0开始计时，便于教师掌握上课节奏。

控制室主要配置：控制室主要存放录播主机、图像跟踪一体机、数字音频矩阵、平台服务器、网络设备等，为教室前端的音视频设备提供互联手段，把信号源有机结合起来，实现教学实况实时录制、同步直播。在特殊视频录制时，如文艺节目、家长会直播、分组课堂等情况下，管理员在控制室内可通过键盘控制器手动控制摄像机的推、拉、摇、移，确保录制、直播视频按照人为意愿进行。

2.8.4　系统架构

教学录播系统架构如图2-16所示。

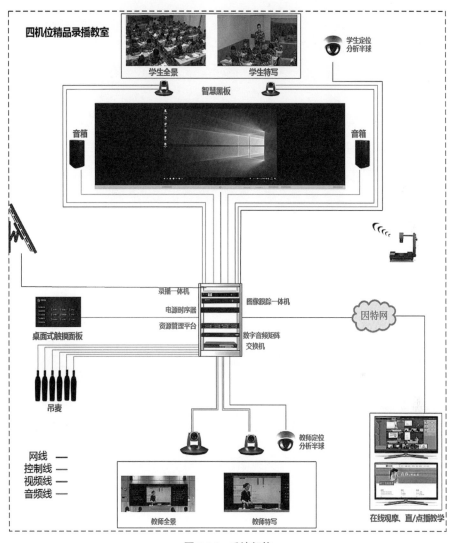

图 2-16 系统架构

2.8.5 建设方案

1. 远程互动教学

系统将讲课教室音视频数据通过高清互动终端实时传输到听课教室，实现远程交互功能。具体实现交互如下：

1）视频交互：满足音视频通信、数据交互、远程共享和协助等需求，有效支持远程互动教学，降低沟通成本、提高教学工作效率。

2）系统针对校区远程教学具有控制功能，支持级联分级设置和观看本级的多画面，各级能看到本级以及下级的主讲及听课教室列表，满足了主讲教室对听课教室的控制。

2.学校媒体资源统一管理

统一媒体资源平台可以实现视频、图库、文库、音频等全媒体教学资源统一展示和统一管理，让每一个优质资源实现深入的应用和有效的学习。

除了对接各种现有平台之外，统一媒体资源管理平台还可按学校课程表对课程进行录制。教师在上课前预约上课教室，系统根据预约时间自动开始课程录制；录制课程自动上传至平台相应分类，供师生后期点播观看，并支持后台统计所有录播教室的直播课次数量、预约数量、用户观看情况等。

3.在线直播

在线直播功能可以在校园开放日增进家长对学校管理、教育教学情况及孩子在校表现的了解，搭建社区、家长、学校间友谊的桥梁，让社会各界对学校的支持和理解，对于协调学校与家庭的关系，有着莫大的作用。

系统通过将教师上课的画面进行全自动智能录制，并发布到服务器端，让其他领导及教师可以通过链接或手机端程序进入在线教室，实时观看授课教师上课的精彩画面，让校园更开放，让学校与家庭的关系更紧密。

4.教学记录

远程教学教室具有教学记录功能，把远程教学教室内教师、学生的画面记录下来，录制的文件格式为标准的音视频格式，便于后期的非线性编辑。记录的教学内容由人工上传到资源点播平台，供校内外师生、公众点播学习。教学记录系统支持本地控制，也可远端 B/S 方式控制。

5.统一展示管理

1）简易化应用录播，常态化建设教学资源

建设完成全自动高清录播系统，建立完善的录播预约与免预约使用机制。全自动跟踪不影响教师的正常教学，教师"一键式"开启课堂录制，高清拍摄、专业音质采集与处理，对整个教学过程进行场景化记录。实现录播应用常态化，快速建设视频资源。录制的教学视频可通过 U 盘快速拷贝，或设置自动上传到应用云平台，为教学资源建设、评课活动等多种应用提供基础硬件支撑。

2）适应新媒体业务需要

通过精品录播系统和资源平台的建设，学校可以发布视频推送，制定时间列表，并向指定的被推送对象，观看校园文化建设、专家访谈、校园广播通知等。

3）资源共建共享

平台实现对下辖所有优质教学视频资源的汇聚，通过对 Windows、Android、IOS 三大平台，PC、手机、平板三大终端的打通，构建基于互联网的优质教学资源共建共享模式，进一步为资源均衡起到促进作用。学生和教师可以通过平台进行资源点播学习、观看校内公开课和重要会议的直播活动、开展网络评课活动等。

4）远程互动教学

通过互动功能，灵活开展各种互动教学活动。充分利用名师资源，开展互动课堂，同步课堂、专递课堂等活动，解决教育资源不均衡带来的困扰。各学校之间亦可通过此模式，各自发挥自身的学科优势，通过教学互动分享各自学校的教学特色，学校间互助互学，促进区域内的教育均衡。

5）开展网络教研

通过互动系统，各学校教师可通过互动系统，随时随地开展区域网络教研活动，同时支持音视频互动、课件共享应用。同时教研员可以通过互动系统进行远程听课，解决教研员需要长途奔波到各学校进行听课的困扰，提高教研效率、节省教研开支。

6）智能管控

融合资源管理、结合云录播平台支撑，实现对录播教室的可视化集中管理、统一控制。包括资源管理、内容管理、指挥调度，为信息化教学业务提供安全、智能、便捷、高效的管理支撑平台。

6. 系统部署

在学校选择两间教室建设为录播教室，每间教室安装 1 个机柜，机柜内安装 1 台互动终端，1 台教学处理主机，1 台教学图像跟踪主机，1 台音频处理器，1 台反馈抑制器，1 台功放，1 个交换机；在讲桌上安装 1 个桌面式控制面板，1 台远程教学终端，其他设备安装在教室内墙壁上，包括 3 个图像跟踪半球，5 台云台摄像机，6 个麦克风，2 个音箱，2 台大屏幕显示终端，1 台多功能教学终端等。在核心机房安装 1 台平台管理服务器。

云台摄像机、麦克风和采集到的教室内音视频信号传给教学处理主机；图像跟踪半球将室内的人员位置信息通过教学图像跟踪主机反馈给教学处理主机，教学处理主机根据人员位置信息自动选择合适的摄像机画面传给其他远程教学教室，并将其他远程教学教室传回来的音视频信号通过大屏幕显示终端、多功能教学终端和音箱播放出来。平台管理服务器对整个系统进行管理和控制。

2.9 视频会议系统设计样例

2.9.1 系统概述

通过视频会议系统进行政令传递和协同工作，可以大大增强沟通的效果，在节约宝贵的时间、精力和经费的同时，又提高了管理和决策效率，充分发挥出视频会议真实、高效、实时的优点。

目前，许多学校均有多处校址，现有教委配发的视频终端已不满足各校址间召开行政、办公、教学研讨会议的需求。因此，对主分校间视频会议系统建设的需求变得越来越迫切。本次项目进行北京市 ×× 学校主分校视频会议系统建设。

2.9.2 建设标准依据

（1）《视频显示系统工程技术规范》GB 50464—2008；

（2）《音频、视频及类似电子设备安全要求》GB 8898—2011。

2.9.3 建设内容

本期建设某区学校主分校间视频会议系统，在主校部署核心平台类设备，在各校部署终端设备及配套的显示及移动支架，实现主分校间多点会议、培训、公开课教学等目的。建设内容如下：

1）在北京市 A 中学、北京市 B 学校、C 学校主校区部署多点控制单元、移动接入平台、录播系统等核心设备，发起主校及分校间的多点会议，满足学校内部行政、教研活动需求。

2）在各校区部署 1 套视频会议终端及配套的电视及移动推车。

3）实现视频会议的移动接入功能，配置 15～20 点并发（账户可为多个），并支持和硬件视频会议互通。

2.9.4 系统架构

视频会议系统架构如图 2-17 所示。

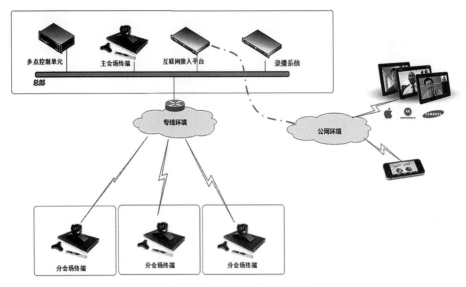

图 2-17　视频会议系统架构图

2.9.5　建设方案

1. MCU（多点控制单元）建设

本次项目建设 MCU 支持 10 点 1080P 接入，并具备升级扩容能力。

MCU 对于系统资源采用灵活的分配机制，能够应对不同的终端类型接入时智能地分配媒体资源，保证设备硬件资源得到最大程度的利用。与会终端以不同的音视频协议、不同的呼叫速率、不同的画面分辨率加入同一个会议当中时，MCU 将会根据每一路终端的画面分辨率来分配系统资源，一个 1080P 编解码资源可以被动态地拆分成 2 个 720P 或是 4 个 4CIF 编解码资源，从而提升 2 倍或 4 倍的系统容量。

2. 校区终端

本次建设各校区移动一体化会议终端，显示分辨率至少可达 1080P，并配备移动推车和双屏电视。

会议终端是每个会场接入会议的核心设备，应具有丰富的视音频接口，可以连接更多类型的外围设备；具备操作简易的遥控器，所有管理菜单均支持中文界面，整体管理操作简单、易用。

3. 移动接入系统

为提升视频会议系统的灵活性与应用范围，并为核心业务提供服务，视频会议系统可扩展互联网与移动终端接入功能。系统支持用户通过互联网远程参与到视频会议当中，并且支持通过移动设备（如平板电脑与智能手机）加入会议。

通过移动视频会议系统，即使出差在外也可以实现随时随地的互联互通，只要有互联网接入、3G/4G 接入信号或 WiFi 接入信号的地方，使用移动视频软终端的移动设备就可以与其他移动视频软终端或内网会议室高清视频终端之间建立点对点呼叫或通过拨打多方会议室号码的方式加入多方视频会议。

移动视频软终端可与学校内部视频会议系统的会议室型高清视频终端、桌面型高清视频终端、桌面可视电话、远程会议室之间任意点对点呼叫或多方通话。

4. 录播系统

部署 1 套录播系统用于会议录制、存储，支持点播直播功能，可录制远端及近端会场画面以及双流信号。

5. 兼容区级应急指挥系统

本次建设学校视频会议系统与区教委应急指挥系统选用设备为同品牌高清视频终端产品，可无缝兼容应用，从而实现召开"区教委 - 集团校本部 - 其他校址"级联会议模式。

在此级联模式下，高清视频、宽带立体声音频、高清双流、H.264 High Profile 低带宽压缩技术、丢包恢复技术、音频丢包恢复技术等均可以得到延续和兼容。

2.10 用户电话交换系统设计样例

2.10.1 系统概述

为提高教师办公效率，提升教育教学质量，进行学校电话系统的配备，电话交换机需内置内线来电显示，多级服务等级限制，IP 电话交换，自录型电脑话务员，限播、限时、简单计费、双路语音提示功能，这些功能可以充分满足学校内部办公和教育教学的需求。

2.10.2 建设标准依据

1)《智能建筑设计标准》GB 50314—2015；

2)《民用建筑电气设计标准》GB 51348—2016；

3)《IP 电话网关设备技术要求》YD/T 1071—2006；

4)《用户电话交换系统工程验收规范》GB/T 50623—2010；

5)《用户电话交换系统工程设计规范》GB/T 50622—2010；

6)《IP电话路由协议（TRIP）技术要求》GB/T 28501—2012。

2.10.3 建设内容

本期项目对某学校进行用户电话交换系统建设，包括电话机和网关建设。

2.10.4 系统架构

电话交换系统单节点架构如图2-18所示。

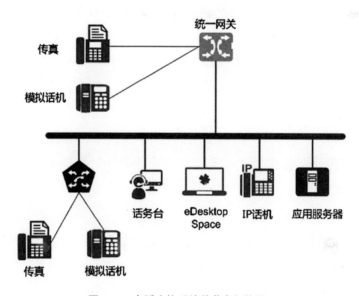

图2-18 电话交换系统单节点架构图

2.10.5 建设方案

完成设备选型及部署，从设备兼容性、设备成熟度、设备扩展性及性价比等方面进行综合评估，为了满足用户对电话交换系统的高性能要求，保证电话网络良好的稳定性与兼容性。

在校园网布置信息点时预留电话信息点，电话信息点链接电话网关，电话网关连接至电话交换机。

1.分机话务处理

具备转接电话、代接电话、保留电话、遇忙转接、无人接听转移、无应答转移、免打扰、经理秘书、会议等基本的应用功能。

2. 中继话务处理

中继呼入的应答模式、振铃分机的设定等。

3. 话务控制管理

限拨号码、限制呼出等级、呼出记录、呼出的路由选择、记录话单、控制费用等。

4. 语音提示处理

呼入引导处理直拨分机、分机忙、无人接听等状态提示，甚至留言。

5. 网络电话处理

基于以太网宽带技术的网络电话应用（VOIP）。

6. 数字中继处理

E1、30B+D 等专线语音电话业务的接入组建模块局、企业虚拟网等。

7. 弹性编码

各分机可编制分机号码。

8. 等级限制

限制拨打国际、国内、市话等。

9. 中继热线

提机免拨 9 出外线。

10. 呼入选择

外线呼入直拨、转接、群呼选择。

11. 强插服务

在特殊情况下总机对正在通话的分机进行强插通话。

12. 代拨长途

总机可代低等级的分机拨打长途。

13. 区分振铃

能区别振铃来自外线还是内线。

14. 征询转接

外线转接实现征询和音乐等待。

15. 语音信箱

查询自身等级、号码、话费、日期、时间等。

2.11 数字广播设计样例

2.11.1 系统概述

本系统主要实现大型校园的打铃、广播以及各种校园日常背景音乐的播放功能，因实际场地而定，采用不同的规格的扬声器，可以覆盖整个教学区及校园内公共区域。校园广播的主控工作站设计在电教中心。对于普通教室内，要求实现任意点对点控制。对办公室、楼道走廊及室外区域等，划分为若干区域，可任意选择分组或分区广播。

2.11.2 建设标准依据

1)《电气装置安装工程　高压电器施工及验收规范》GB 50147—2010；

2)《声系统设备　第3部分：声频放大器测量方法》GB/T 12060.3—2011；

3)《声系统设备　第4部分：传声器测量方法》GB/T 12060.4—2012；

4)《声系统设备　第5部分：扬声器主要性能测试方法》GB/T 12060.5—2011；

5)《信息技术设备　安全　第1部分：通用要求》GB 4943.1—2011；

6)《电子设备雷击试验方法》GB/T 3482—2008；

7)《厅堂扩声特性测量方法》GB/T 4959—2011；

8)《公共广播系统工程技术标准》GB/T 50526—2021；

9)《调音台基本特性测量方法》GB/T 9003—1988。

2.11.3 建设内容

项目建设 ×× 学校的数字广播系统，主要建设包括在机房部署接入交换机，IP 网络控制中心（箱式），在各个教室布置有源音箱，在操场等公共区域布置音柱等。

2.11.4 系统架构

数字广播系统架构如图 2-19 所示。

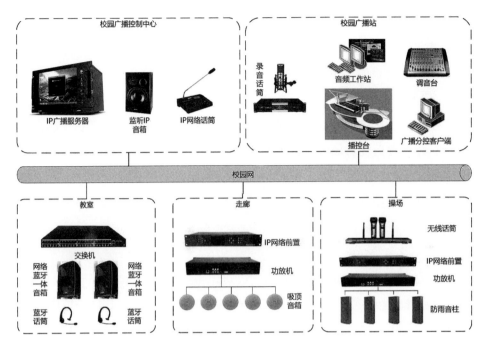

图 2-19　数字广播系统架构

2.11.5　建设方案

1. 系统音源设计

主要使用计算机（系统服务器主机）、高品质 DVD 机、广播话筒等。

1）数字音源设计

数字音源就是计算机输出的音频信号，它播放的是计算机中的数字音频文件，包括 MP3、WAV、MIDI 等音频格式，数字音源的特点就是能定时自动播出，随着广播系统在学校教育教学中的普遍应用，学校对广播自动播出的需求逐渐增多，音乐铃声，英语听力训练和考试都离不开自动播出的需求，因此为学校中学广播系统设计了 1 套数字音源。其中系统服务器主机即用于数字语音文件播放，在配置 100M 网卡的情况下至少可以同时播放 512 路节目。

2）模拟音源设计

DVD 机：DVD 是学校最常用的一种模拟音源，主要用于播放教育教学的光盘。

广播话筒：用于校长及各主管教师的讲话、播放通知、开家长会等。

无线话筒：无线话筒主要用于操场升旗、做广播体操时，主管教师在操场的讲话。

2. 系统分区设计

1）操场区

针对广播体操播放场景，根据现场操场面积大小设计，在操场设计全天候防雨音柱，这样可以满足整个操场音质效果。

2）楼道区

教学楼楼道内水平直线广播打铃设计标准密度为不低于 1 个 /25m，为其配备 IP 网络吸顶音箱，可满足楼道的背景音乐及铃声，并以楼层数量进行分区设置。

3）教学教室区

每个教室配置 IP 网络壁挂音箱 1 只，这样教室不仅在整体上美观大方，而且音质优美，安装在教室里，可使师生在悦耳的音乐中度过一堂堂课，IP 网壁挂音箱可以调节音量，选择广播内容。

3. 集中供电设计

教学区域及公共区域的广播系统设备实行集中供电。

4. 服务器软件功能设计

数字 IP 网络广播软件系统需要包含系统软件包和客户端软件包，客户端软件包安装的数量不受限制。软件系统要求能够对各广播终端管理控制外，还要求实现网络化的播放管理、远程实时采播、远程课表管理、音频课件的编辑制作、远程维护服务器音频节目库、远程监控广播播放内容、远程调节音量等功能。

系统可设定自动打开或关闭主控设备电源，用于教学多套作息时间全天 24h 编程（精确到秒），按星期执行对音乐铃声（起床号、上下课铃声）的控制、早间广播体操、升旗、课间操、眼保健操、课外娱乐收听电台节目的室内外全体或分区自动播放，根据需要每天可设置不同的铃声和校园歌曲。可以对铃声进行自动分区管理，每个区（点）的音量大小可自由调节，如在早上可对宿舍放起床号，课间对教学区打上下课铃声，可以自选教室的外语教学，各学生考试听力测试，软件自由分区，多个班级之间任意组合，定时自动播放节目进行语音教学和语音听力考试或训练，教室内的终端均具有音频信号的输入端口，可在现场接无线话筒接收机进行教学活动，同时终端还有本地扩音功能（如：教师上课用笔记本电脑，声卡输出音量小，可以对其进行放大，满足教学的听觉要求）。

系统可授权多个分工作站或远程工作站，领导无需到专门的广播中心，只需要通过办公电脑，便可使用麦克风对全校或对权限范围内任何一个年级、班级、教师办公室进行远程寻呼、开会、讲课等。

系统可实现多点控制，无须在控制室，可通过电脑随时对机房系统设备进行控制。只要在主系统不运转情况下，每个广播分点可独立使用互不干扰，学生（需授权）可通过服务器或分控点进行设置广播等文化节目，使用分控点无地区限制，方便灵活。系统具有扩展性，可在原系统内的任何位置增加或移去终端或控制系统，不用增加主机设备和重复布线。

2.12 数字电视系统设计样例

2.12.1 系统概述

数字电视系统通过 IP 网络，能将学校的各种多媒体教学设备，如 VCD、DVD、多媒体计算机等有机整合、集中管理、集中使用，软硬件资源共享，教师在课堂上可根据授课内容，使用不同的多媒体素材进行讲课，声像并茂、直观灵活，使课堂教学克服了以往停留在"课堂、粉笔、教鞭与纸张"的固有灌输形式，生动活泼，形式多样，最大可能地增强了课堂教学效果，而学生则更易于领会理解和接受各种教学内容，充分发挥了现代教学设备对改变教学方式、提高教学质量、深化教育改革、推进素质教育的作用，特别是"数字电视系统"可与校园计算机网、远程教育网、国际互联网相连，享受丰富的校园网和 Internet 的信息资源。

2.12.2 建设标准依据

1)《有线电视网络工程设计标准》GB/T 50200—2018；

2)《电视和声音信号的电缆分配系统》GB/T 6510—1996；

3)《基于 IP 传输的地面数字电视广播单频网组网技术规范》GY/T 341—2020；

4)《有线电视网络智能机顶盒（IP 型）测量方法》GD/J 114—2020。

2.12.3 建设内容

×× 学校数字电视系统包括：

1）信号源接入；

2）控制解调部分，包括调制器和编码器；

3）在教室、会议室布置数字电视终端。

2.12.4 系统架构

数字电视系统结构如图 2-20 所示。

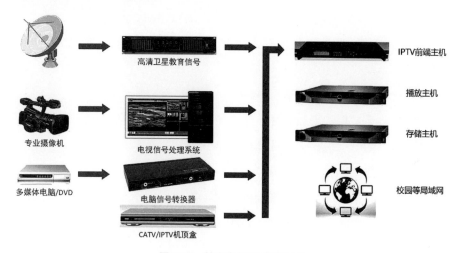

高清卫星教育信号

专业摄像机

电视信号处理系统

多媒体电脑/DVD

电脑信号转换器

CATV/IPTV机顶盒

IPTV前端主机

播放主机

存储主机

校园等局域网

图 2-20　数字电视系统架构图

2.12.5 建设方案

在电视系统控制中心设置 5 个信号源，为学校提供 5 路的信号输入能力，可充分满足学校需求。5 个节目源分别通过编码器将信号编码成主流的流媒体格式后接入流媒体服务器，由流媒体服务器将信号混合后发往各个数字电视终端。电视终端采用高清线缆连接到数字电视终端，将接收到的信号输出到电视屏，使师生可以看到清楚的画面。

对终端信号是否传输到位，通过混合器后的分配器将一路电视信号返回，经过电视盒将信号解调后将终端电视信号反馈在控制室的电视，以起到电视画面的监控作用。

控制中心的设备分别采用机柜集中存放，同时采用控制台进行中心设备控制，便于操作方便。

对学校的数字电视系统进行综合布线实施，为每间教室、办公室安装数字电视终端，与多媒体系统相结合，完成电视系统与多媒体系统的融合。

1. 频道设计

本数字电视管理系统设计 5 个直播频道：

1）1 套摄像机频道（校内直播）

该频道主要用于领导校长讲话和学校播放重要通知。因此，需要通过摄像机，

153

前置放大器和麦克来采集音视频信号。最后通过数字电视系统直播到每间教室。

2）1 套示范教学频道（其他视频信号）

该频道主要用于直播多媒体教室的示范讲课。

3）1 套 DVD 直播频道

主要用于播放学校的一些现有光盘课件，如英语范文、名师讲坛、口语听力等。

4）1 套计算机课件节目直播

用于播放教学文档、下载影片、学习资料等，并且主控室电脑操作过程可以完全直播到各终端电视机，达到计算机教学共享。

5）1 套外部数字电视直播频道

该频道用于转播外部数字电视信号节目。如重要的新闻，体育赛事和爱国主义教育节目。

2．功能设计

1）节目源资源共享

系统可接入各类卫星电视、开路信号、数字电视信号、VCD、LD、DVD 及多媒体计算机等数字、模拟节目源，用于电视教学。

2）现场直播

学校在举行各种大型活动、会议、专题演讲、学术交流时，通过数字电视直播管理系统，可实现将现场实况、校长讲话、教师讲课等电视信号直播到全部或部分教室或教研室，这样可省去大量场地租用费，及组织管理的精力和时间。

3）计算机联网

中心控制室的多媒体计算机可接入校园网、远程教育网、国际互联网，实现计算机联网下的各种教学功能。随着信息技术的发展，计算机网络在教学和教学管理中得到越来越广泛的应用，当中心控制室的多媒体计算机接入各种网络后，学校就可以得到大量国内外教育教学的资源，同时每个教室都可共享这些资源。对于优秀的教学素材还可以下载到计算机上经过编辑整理，形成适合于本校教学的新的教学课件或教学光盘。

4）多媒体教室音视频直播

随着多媒体教学的普及，每一所学校都会建设一至几个多功能教室，但多数学校还没有能力将所有的教室都建设成联网的多媒体教室，因此当在多功能教室上示范课、举行会议、举办活动、校长电视讲话时，就需要将多功能教室的现场实况通过数字电视系统向部分班级或全校进行现场直播。此时，我们在多功能教室装上摄像机进行视频采集，利用多功能教室原有的扩声设备进行音频采集，并将采集到的音视频信号传送回主控室，通过"电视教学系统"进行直播。

5）多媒体教室网络直播

多媒体计算机是每个多媒体教室的标准配置，而且通常都与校园网连接，此时当多媒体教室的现场实况通过数字电视系统进行直播的同时，还可通过网络直播到各个电脑终端，教师在办公室就可观看示范课、校长讲话等，同时多媒体计算机还可将现场实况进行数字硬盘录像，保存经典教学素材，记录重要活动内容。两种直播形式存在于学校不同的功能区，能充分发挥现有设备的使用功能，为教学和教学管理服务。

6）远程教学

远程教学是现代化教育手段中的一个重要方式。主控室内的多媒体计算机联入校园网后，在教室内就可通过控制中心控制室内的多媒体计算机，连接国内或国际教育信息网或网校，选择根据教学大纲制定的不同年级的教学内容，进入各名校的同步题库，收看各种实验课的视频文件、接受名师授课等，实现交互式远程教学。

2.13 校园一卡通系统设计样例

2.13.1 系统概述

校园一卡通系统的建设依托学校基础网络，在数字化校园总体框架下，形成统一的信息平台，促进教育信息的标准化，构建学校优良的数字空间和信息共享环境，进而在学校内实现身份识别智能化、教学资源数字化、数据传输网络化、用户终端智能化。借助校园一卡通应用管理系统的建设，可以有效整合和带动学校各类管理信息系统的建设，为学校全体师生带来工作和生活的便利，为各管理部门提供综合信息服务和辅助科学决策，全面提升学校管理效率和管理水平。

××学校拥有1个食堂、97间各类教室及功能用房，学校将建设一套校园一卡通系统，实现门禁、食堂消费、考勤等功能。系统将通过一张卡、一个数据库、一个发卡系统和计算机网络系统实现统一管理。

2.13.2 建设标准依据

1)《智能建筑设计标准》GB 50314—2015；

2)《出入口控制系统工程设计规范》GB 50396—2007；

3)《民用建筑电气设计标准》GB 51348—2019；

4)《安全防范工程技术标准》GB 50348—2018。

2.13.3 建设内容

校园一卡通系统建设内容分为系统管理软件和前端硬件两大部分。

1. 管理软件部分

管理软件部分包括中心服务器、磁盘阵列等。中心服务器通常由两台服务器组成一个群集，互相备份，采用共享的磁盘阵列提供数据存储服务。服务器采用Windows 操作系统，Oracle 数据库或 SQL Sever 数据库。

管理软件部分身份数据中心用于存储、管理、控制、维护和备份校园一卡通系统所需的身份信息，主要包括师生身份和照片信息等，并以后台服务的形式提供身份信息的更新和同步服务。

应用子系统包括：消费管理系统、食堂消费 POS 机、图书馆管理系统、门禁及考勤系统、停车场管理系统等。

2. 硬件部分

包括门禁、售饭机等终端。

2.13.4 系统架构

"校园一卡通"是架构在校园网上，利用计算机、网络设备、终端等设备，充分发挥校园网络优势，借助于卡片载体，实现先进的信息化管理系统。系统采用三级平台结构：数据中心作为一级平台，校园卡管理中心作为二级平台，各应用系统为三级平台。"校园一卡通"的系统架构如图 2-21 所示。

2.13.5 建设方案

1. 管理软件部分

1）一卡通核心平台 1 套

一卡通核心平台采用服务器 / 客户端架构，数据库为 SQL Server 2008 R2，

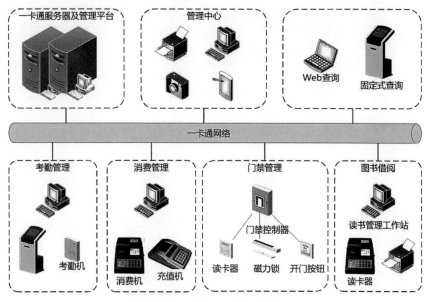

图 2-21 校园一卡通系统架构

支持多用户多客户端操作，支持多部门单独管理模式；管理下属各子系统。包含用户管理、门禁管理、考勤管理等，可扩展巡更管理，具有实时监控、实时记录提取、人员定位和门内实时查询等功能，同时可以设置各子系统管理权限，使得各子系统既可独立运行，又可以共享信息资源。

2）门禁子系统软件 1 套

用于教学楼的门禁管理，封锁主要通道以及相关教室、办公室、会议室等。系统刷卡开门、出门使用出门开关。系统可设置进入权限、时段、常开、常闭等功能。紧急情况下，管理软件可应急一键开启全部或部分门区。

3）食堂消费系统软件 1 套

用于管理餐厅的全部消费机，并可设置消费权限（如学生窗口、教工窗口等），统计餐厅消费金额、分窗口统计消费金额，按时段统计餐厅收入、查询个人消费明细、查询餐厅存款明细。同时，每月可以不收卡，对教工卡进行一次性餐补。

2. 硬件部分

本项目共配置 115 套门禁，其具体点位如表 2-10 所示。

1）门禁部分

（1）单门门禁控制器 115 套

门禁控制单元：单门网络型门禁控制器，可控制单个门禁区，连接 1 个读卡机、1 个电控锁、1 个出门开关；局域网通信；10 万条记录存储容量。

校园一卡通系统点位表   表 2-10

序号	名称	门禁	序号	名称	门禁
	教学楼 1 层		32	普通教室 4	1
1	普通教室 1	1	33	普通教室 5	1
2	普通教室 2	1	34	普通教室 6	1
3	普通教室 3	1	35	乐器室	1
4	安防监控广播室	1	36	办公室 3	1
5	机房	1	37	办公室 4	1
6	体质测试室	2	38	准备室	1
7	德育展览室	2	39	普通教室 7	1
8	配电室	1	40	普通教室 8	1
9	卫生保健室	1	41	普通教室 9	1
10	乐器室	1	42	书法教室	1
11	阶梯教室	3	43	美术教室	1
12	普通教室 4	1	44	音乐教室	1
13	普通教室 5	1		教学楼 3 层	
14	普通教室 6	1	45	普通教室 1	1
15	弱电间	1	46	普通教室 2	1
16	办公室 1	2	47	普通教室 3	1
17	准备室	1	48	办公室 1	2
18	舞蹈教室	3	49	办公室 2	2
19	普通教室 7	1	50	学生阅览室	3
20	普通教室 8	1	51	办公室 3	2
21	普通教室 9	1	52	物理试验室（力学）	1
22	化学试验室 1	1	53	物理试验室（电学）	1
23	化学试验室 2	1	54	准备室 1	1
24	音乐教室	1	55	办公室 4	1
	教学楼 2 层		56	办公室 5	1
25	普通教室 1	1	57	准备室 2	1
26	普通教室 2	1	58	普通教室 7	1
27	普通教室 3	1	59	普通教室 8	1
28	教室阅览室	2	60	普通教室 9	1
29	办公室 1	2	61	生物试验室（解剖室）	1
30	会议室	2	62	劳技教室	1
31	办公室 2	2	63	物理试验室（光学）	1

序号	名称	门禁	序号	名称	门禁
教学楼4层			教学楼5层		
64	普通教室1	1	80	大会议室	1
65	普通教室2	1	81	办公室	2
66	普通教室3	1	82	心理咨询室1	1
67	资料室	1	83	心理咨询室2	1
68	办公室1	2	风雨操场楼1层		
69	办公室2	2	84	操作间	1
70	视听阅览室	3	85	职工更衣室	1
71	计算机教室	2	86	配电间	1
72	计算机教室（数字试验室）	2	87	副食库	1
73	准备室1	1	88	办公室	1
74	办公室4	1	风雨操场楼2层		
75	办公室5	1	89	体育器材室	1
76	准备室2	1	传达室		
77	生物试验室（显微观察室）	1	90	办公用房1	1
78	历史地理教室	1	91	办公用房2	1
79	社团活动室	2			

（2）门禁读卡器（IC读卡器）115个

接收感应卡射频信号，通过韦根协议传输至控制器。

（3）门禁电控锁（电锁）115个

根据学校前期踏勘，学校共有115个门，全部为单门门禁，综合测算共需要115个门禁电控锁。电控锁安装于门体之上，单开门配备一把，门锁具有250kg的拉力，具有状态信号显示。

2）售饭管理系统主要设备

学校有1个食堂，5个售饭机将放置于食堂售卖窗口，采用网络通信型消费一体机，具有双面液晶显示屏，带蓄电池可支持1h续航使用，15000条脱机记录，5台售饭机通过总线形式串联在一起，通过局域网实现网络连接，可实时传输刷卡数据，设置多种消费模式，如金额消费、键值消费、定额消费等多种模式。

2.14 电子班牌系统设计样例

2.14.1 系统概述

电子班牌是目前学校文化建设、智慧校园建设的系统之一。学校为每个教室配置一个电子班牌，一般安装在教室门口或教室里面，多用来显示班级信息、当前课程、班级活动以及学校的通知等。

随着义务教育阶段进行课改，走课制的实施，班牌解决了眼下亟需的到班考勤统计硬件教育厅关于问题。通过电子班牌，每个学生还可以看到各自的课程表，到相应的教室进行签到上课。

××学校拥有20间教室、2间学习中心，对以上房间进行电子班牌系统建设，满足学校使用要求。

2.14.2 建设标准依据

1)《智能建筑设计标准》GB 50314—2015；

2)《民用建筑电气设计标准》GB 51348—2019。

2.14.3 建设内容

根据校方需求，对22间房间（20间教室、2间学习中心）部署电子班牌，共计部署22块电子班牌。本次电子班牌系统建设主要包含四部分：数字展示平台、校园信息发布、走班考勤管理及校园3D场景展示。

1. 数字展示平台

通过数字展示平台，教务干事完成系统初始化的基础数据的设置，包括学年学期的设置、年级维护、班级维护等信息。

2. 校园信息发布

发布校园通知、校园活动、学校宣传信息、校园新闻等信息。

3. 走班考勤管理

配合学校现有走班考勤教学制度，快速展示走班课表，统计班级出勤情况，辅助完成教学管理工作。

4. 校园3D场景展示

通过3D建模方式制作虚拟空间场景，支持多角度全方位展示学校文化、办公特色、成果展示、动态内容发布、学校活动作品展示等。

2.14.4 系统架构

系统由前端电子班牌、后端管理工作站、软件等组成，系统结构图如图 2-22 所示。

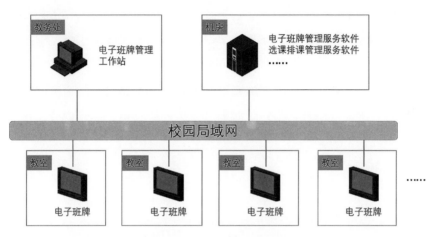

图 2-22 电子班牌系统架构

2.14.5 建设方案

1. 校园信息发布

校园管理员或者班级管理员可登录数校平台的电子班牌发布系统，进行校园信息发布，可选择要发布的电子班牌范围，发布的节目内容会直接在相关电子班牌设备上显示出来。内容方面可以发布校园通知、校园活动、学校宣传信息、校园新闻、图片轮播等。

1）校园通知

发布校园通知，即时同步到电子班牌展示，主要面向学生和教师，通过文字或图片等展现形式发布学校通知，此功能可以很便捷地让经过终端设备的师生看到，即时性强，不影响其他内容的播放。可以根据终端放置地方的不同，发布面向不同人员的通知公告，面向学生的终端中可以有教师发布班级内的通知公告，也可有学校管理人员发布全校性的公告，在办公室终端中，学校领导可以发布面向教师的通知公告，方便信息的传达及管理。可设置重要或不重要，重要通知可全屏显示。

2）校园活动

发布校园活动，即时同步到电子班牌展示，面向全校师生，通过文字或图片等展现形式发布。此功能可以很便捷地让经过终端设备的师生看到，即时性强，不影响其他内容的播放。重要通知可全屏显示。

3）学校宣传

发布学校宣传，即时同步到电子班牌展示，面向全校师生以及校外来访人员，展现学校的历史文化和学校的教学理念；展示学校领导信息，包括各领导的生平、先进事迹，在校任职期间做出的贡献和成绩等；展示校内师资情况，学校教师的介绍和所获得的荣誉展现给其他师生和来访者，让更多师生和来访者全面了解、评价每个教师的教学能力。通过此栏目可以向校内外人员宣传展示学校风貌。

4）校园新闻

发布校园新闻，即时同步到电子班牌展示，主要是为了给校内师生提供校园、各年级、各班乃至学生教师的各种最新信息，也可以是国际国内的新闻。新闻内容可以设置为同步校内网站内容，也可以由管理员手动增加编辑新闻内容，将文字、图片、音频等多媒体素材组合在一起，全方位地展示重点新闻的方方面面。

5）图片轮播

通过电子班牌以图片轮播的方式展示班级相册，向全校师生展示班级风采。班级相关权限负责人可以通过手机移动端上传照片到班级相册，记录班级生活和学习的点点滴滴。

2. 走班考勤管理

配合学校现有走班考勤教学制度，快速展示走班课表，统计班级出勤情况，辅助完成教学管理工作。显示普通课程及走班课程信息、走班考勤结果，学生出勤情况，显示出勤状态（迟到、请假、早退）；同时，也可以进行考勤查询，实时掌握课堂出勤情况。

3. 数字展示平台

通过数字展示平台，教务干事完成系统初始化的基础数据的设置，包括学年学期的设置、年级维护、班级维护，系统管理员或教务人员在每学期开学前更新上述设置。在上述设置完成后，整个平台的基础数据就设置完成了也就是说，整个平台的其他各个业务系统才可以开始使用，其他各个系统的业务将以本系统的数据为基础。系统功能如下：

1）支持终端管理，支持远程定时关机，支持终端手动、自动模式切换。

2）支持终端监控管理，可实时查看各终端运行情况、版本号、显示状态、素材下载状态及进度，可实时截屏。

3）可通过用户管理、角色管理组成多种权限设置，一个人可管理一台或多台终端设备，一个角色可拥有一个或多个操作权限。

4）可实现一对一、一对多班级班牌终端管理、可远程自动升级终端软件。

5）支持显示班级名称、天气、日期、时间、值日生、当前班级动态（当前上课动态、出勤情况、上节课程信息、下节课程信息）、班主任信息、班长信息、班级德育评比详情及上周德育排名、通知公告、班级相册、本周课表、校园新闻等信息。

6）支持学校日常开展的调查投票、评比活动及评教、评学等业务。

7）支持教师通过微信公众号管理智慧班牌，可以发布班级风采、学生照片、通知信息（支持文字、图片）等。

4. 校园3D场景展示

通过3D建模方式制作虚拟空间场景，支持多角度全方位展示学校文化、办公特色、成果展示、动态内容发布、学校活动作品展示等。包括热区显示、3D校史馆等，可将实物拍照制作出立体效果的图像展示到应用中循环播出，可在校园门户完成虚拟校园导览、校园开放日展示等功能。

2.15 校园物联网设计样例

2.15.1 系统概述

随着《智慧校园总体框架》在2019年1月1日正式开始实施，现有的信息网络也需要适应未来智慧校园的发展需求。传统的教学方式已经不适应现代化教学的需要，需要建立基于物联网技术集智慧课堂、环境调节、用电安全等及远程控制于一体的新型现代化物联网系统。

2.15.2 建设标准依据

1）《智慧校园总体框架》GB/T 36342—2018；

2）《基于公众电信网的物联网总体要求》GB/T 40022—2021；

3）《信息安全技术　物联网数据传输安全技术要求》GB/T 37025—2018；

4)《信息安全技术 物联网感知终端应用安全技术要求》GB/T 36951—2018；

5)《信息安全技术 物联网感知层接入通信网的安全要求》GB/T 37093—2018；

6)《信息安全技术 物联网安全参考模型及通用要求》GB/T 37044—2018。

2.15.3 建设内容

本项目为××教育局建设一个高层次的智慧管理平台，包括智慧校园物联网接入基础平台和管理平台。

2.15.4 系统架构

在原有的各中小学网络拓扑不变的情况下，在各学校接入交换机下联智慧物联网网关，在××教育局核心交换机上旁挂两台物联网控制器，即可完成物联网接入平台的网络部署。底层物联网传感器通过LoRa网关上传底层数据汇总到教育系统中心接入平台，统一查看管理。校园物联网系统架构图如图2-23所示。

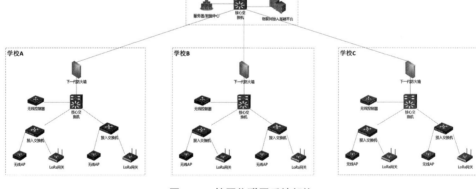

图2-23 校园物联网系统架构

智慧教室物联网由温湿度传感器、空调恒温器、智能插排/插座、红外遥控器、LoRa网关、通用数据采集器、电扇控制器等底层各类传感终端，实现对教室各电器设备的智能管控，通过LoRa通信协议汇聚至网关中，网关通过4G/网线将数据上报至上层物联平台，如图2-24所示。

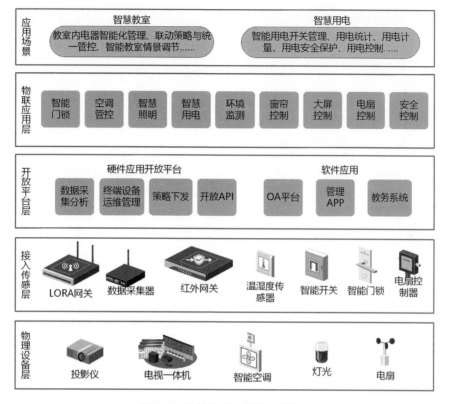

图 2-24　智慧校园物联网应用场景

1. 物理设备层

物理设备层即受控电器设备层，由常见环境设备（如插座、灯光、风扇、空调、饮水机等）组成。

2. 接入传感层

接入传感层主要由智能物联网网关 LoRa 网关 / 数据采集器组成，物联网关主要负责联网信号和 TCP/IP 网络的对接、控制指令的下发和设备状况 report 的上传、物联网设备基本信息及其物联终端设备管理、情景策略设置等核心功能。网关将传感器采集的信息进行汇聚，并且根据地址分发控制命令给相应的传感设备。

3. 物联开放平台

物联开放平台可开放接口对接第三方平台，支持移动终端和 WEB 端访问控制，综合管控网关、传感终端等物联网设备，建设智能物联教室、智慧用电等场景应用系统方案。

4. 平台应用层

平台应用层主要由物联平台提供对设备统一管理、智能联动策略、远程信息推送和告警等相关智慧教室场景中的应用。

2.15.5 建设方案

1. 空调控制系统

通过 LoRa 网关、温湿度传感器、红外遥控器实现对空调的控制。红外遥控器通过接收智能网关的控制命令实现对空调的控制，温湿度传感器做室内温湿度的采集，智能插座可以控制空调供电回路的通断、可以采集空调用回路的能耗。

系统可以对空调实现以下效果的控制和监测：

1）运行模式控制：可以通过手机、平板和电脑等智能终端实现对空调模式的控制，其效果和直接使用红外遥控器控制一致。例如，可以在夏季炎热的天气统一在上课时间开启空调，调至制冷模式且设置温度为 27℃。

2）联动响应：设备可采集室内温湿度，可通过系统配置达到联动反应，当室内湿度达到 ×× 值时，自动打开空调，调至抽湿模式。

2. 窗帘控制系统

窗帘的控制主要通过 LoRa 网关、红外遥控器通过红外信号控制窗帘遥控器实现。将窗帘电机安装在匹配长度的窗帘导轨上，将窗帘挂在导轨挂钩处，实现窗帘的数据传输、远程控制、定时开合窗帘等功能。

系统可以对窗帘实现以下效果的监控：

1）远程控制：可以通过手机、平板和电脑远程操作窗帘的开合。

2）定时控制：可以通过系统设定时间定时开合窗帘，例如 6：30~17：00 窗帘为拉开状态，其余时间为闭合状态。

3）联动反应：可通过系统配置和多功能感测设备联动，当亮度高于某个程度时，窗帘自动关闭，也可设置观影模式，室内打开投影仪时自动关闭窗帘。

3. 电教设备控制系统

通过智能网关、智能插座 / 插排、红外遥控器实现对教室电器设备控制（投影仪设备同理，使用同一种设备）。替换电器设备电源插座，室内部署红外遥控器。红外遥控器通过接收智能网关的控制命令来实现对电器设备的控制，可以控制电器设备供电回路的通断、可以采集电器设备的能耗、可以通过红外信号控制一体机、投影仪、幕布设备等。

系统可以电器设备实现以下效果的控制和监测：

1）供电回路控制：可以通过手机、平板和电脑等智能终端控制电器设备电源回路的通断，可以单个控制，也可以批量控制。例如在放学或假期统一断开所有一体机、饮水机、电脑、投影仪、幕布等设备的电源。

2）运行模式控制：可以通过手机、平板和电脑等智能终端实现对电器设备模式的控制，其效果和直接使用红外遥控器控制一致。例如，上课前开启一体机、投影仪、幕布等，教师上课后直接就可以使用。

3）回路能耗监测：智能插座可以采集回路能耗数据并且定期上报至系统。系统可以实时显示电器设备的能耗情况，并且可以按月、按年进行统计。多维度、高精度的能耗数据可以为领导者制定节能减排措施提供有效的决策依据。

4. 学生一体机终端管控系统

通过智能空气开关进行线路整体控制，可以通过智能插座与终端一体机一对一进行控制，可实现上课了一体机终端才有用有网，其他时间是断电断网状态，学生是不能自主开机的。教师可通过手机、电脑远程进行统一管控电源，一键上课开机。

5. 教室环境监测系统

可实现教室温湿亮度的采集，室内移动感应告警及配合其他设备进行联动响应等功能。系统可以对室内环境实现以下效果的监控：

1）温湿亮度的采集：可以通过手机、平板和电脑远程查看室内环境变量的实时情况。

2）移动感应告警：可以通过系统设定安防时段，例如：18：00～06：00（次日）如有人擅自闯入教室，系统将会自动告警并将告警信息实时推送给用户。

3）联动响应：可以通过系统配合其他设备进行联动响应，例如：室内光照度小于一定标准时，灯光自动开启等。

6. 教室情景模式系统

情景面板主要使用在教室中，为教师、管理员提供一键情景设定管理，方便对于智慧教室电器设备的统一管理，提高管理效率。情景面板无需接入电源，通过按压产生动能信号，利用433M协议将数据传递给6路控制器，通过6路控制器进行控制，6路控制器通过RS485走线将数据回传给数据采集器，数据采集器通过LoRa协议将情景数据回传给网关设备，从而上传物联网平台实现情景策略的联动。情景模式系统可以对教室内以下场景的实现：

1）上课模式：智能门锁开启，室内温湿度自动调节，根据室内亮度灯光调整到最佳亮度，窗帘自动拉开。

2）下课模式：所有电器设备自动关闭。

3）午休模式：电教设备、窗帘、灯光、自动关闭，室内温度调整到最适宜温度状态。

4）影音模式：关闭窗帘、灯，打开电教设备播放影音。

第 3 章

技术标准

本章列出了各信息系统对应行业、领域内的重点技术标准，并说明标准发布单位、时间、文号和适用范围，主要分为国家标准、行业标准等。依据文中所列技术标准，可有效指导信息化工程建设，评定和保证工程质量，是对信息系统建设进行科学管理的工具。

3.1 智慧校园

3.1.1 《智慧校园总体框架》

发布单位：国家市场监督管理总局、中国国家标准化管理委员会

发布时间：2018 年 6 月 7 日

发布文号：GB/T 36342—2018

适用范围：该标准规定了智慧校园建设的总体框架，包括智慧校园环境、智慧教学资源、智慧校园管理、智慧校园服务、信息安全体系等的系统架构及基本要求。

3.1.2 《中小学数字校园建设规范（试行）》

发布单位：中华人民共和国教育部

发布时间：2018 年 4 月 16 日

发布文号：教技〔2018〕5 号

适用范围：该规范是推动中小学数字校园建设与应用的指导性文件，适用于普通中小学（小学、初中和高中，包括中心小学、村小、教学点）的数字校园建设，其他基础教育学校（幼儿园、特殊教育学校等）可参照该规范执行。

该规范的制定，主要为了积极推进"互联网＋"行动，提升中小学校信息化建设与应用水平，推动信息技术与教育教学的深度融合，切实加快全国教育信息化进程，以教育信息化支撑和引领教育现代化，服务教育强国建设。

3.2 智能化系统

3.2.1 《民用建筑电气设计标准》

发布单位：中华人民共和国住房和城乡建设部

发布时间：2019 年 11 月 22 日

发布文号：GB 51348—2019

适用范围：该标准适用于城镇新建、改建和扩建的民用建筑的电气设计，不适用于人防工程、燃气加压站、汽车加油站的电气设计。

3.2.2 《教育建筑电气设计规范》

发布单位：中华人民共和国住房和城乡建设部

发布时间：2013 年 10 月 9 日

发布文号：JGJ 310—2013

适用范围：为贯彻执行国家关于学校建设的法规，使教育建筑电气设计适应国家教育事业的发展，满足学校正常教育教学活动的需要，制定该规范。该规范适用于新建、扩建和改建的各级各类学校校园电气总体设计及供教学活动所使用建筑物的电气设计。

3.2.3 《智能建筑设计标准》

发布单位：中华人民共和国住房和城乡建设部，中华人民共和国国家质量监督检验检疫总局

发布时间：2015 年 3 月 8 日

发布文号：GB 50314—2015

适用范围：智能建筑工程设计应以建设绿色建筑为目标，做到功能实用、技术适时、安全高效、运营规范和经济、合理。该标准适用于新建、扩建和改建的住宅、办公、旅馆、文化、博物馆、观演、会展、教育、金融、交通、医疗、体育、商店等民用建筑及通用工业建筑的智能化系统工程设计，以及多功能组合的综合体建筑智能化系统工程设计。

3.2.4 《智能建筑工程质量验收规范》

发布单位：中华人民共和国住房和城乡建设部

发布时间：2013 年 6 月 26 日

发布文号：GB 50339—2013

适用范围：本规范适用于建筑工程的新建、扩建、改建工程中的智能建筑工程质量验收。

3.2.5 《建筑物电子信息系统防雷技术规范》

发布单位：中华人民共和国住房和城乡建设部，中华人民共和国国家质量监督检验检疫总局

发布时间：2012 年 6 月 11 日

发布文号：GB 50343—2012

适用范围：该规范适用于新建、改建和扩建的建筑物电子信息系统防雷的设计、施工、验收、维护和管理，不适用于爆炸和火灾危险场所的建筑物电子信息系统防雷。

3.3 校园网

《基于以太网技术的局域网（LAN）系统验收测试方法》

发布单位：国家市场监督管理总局、中国国家标准化管理委员会

发布时间：2008 年 6 月 7 日

发布文号：GB/T 21671—2018

适用范围：该标准从功能、传输媒体、设备、性能、网络管理功能、供电和环境等方面规定了局域网系统验收测评的技术要求和测试方法，提出了综合验收的测试规则。该标准规定了基于以太网技术的传输媒体、网络设备、局域网系统的验收测试方法，适用于基于以太网技术的局域网系统验收测试。

3.4 校园无线网

3.4.1 《无线通信室内覆盖系统工程设计规范》

发布单位：工业和信息化部

发布时间：2015 年 10 月 10 日

发布文号：YD/T 5120—2015

适用范围：该规范适用于无线室内覆盖系统工程的安装设计，其网络组织、使用频段等按相关规定执行。我国无线室内覆盖系统新建工程设计，改扩建工程应在合理利用原有设施的基础上参照该规范执行。无线室内覆盖系统设计必须密切结合我国通信发展的实际，合理利用现有资源，做到技术先进、设计科学、经济合理、安全适用，设计的系统应满足可实施性、可管理性、可扩展性的要求。该规范只涉及无线室内覆盖系统的信号源部分和室内分布系统部分的设计，网络侧的其他部分设计应参见相应的标准、规范，该规范只涉及 2G 和 3G 移动通信系统、PHS、SCDMA、TRUNK 系统。

3.4.2 《公用计算机互联网工程设计规范》

发布单位：中华人民共和国信息产业部

发布时间：2005 年 10 月 8 日

发布文号：YD/T 5037—2005

适用范围：该规范适用于公用计算机互联网骨干网新建工程设计，改扩建工程在合理利用原有设施的基础上参照该规范执行。该规范中的公用计算机互联网是指基于 TCP/IP 技术的，面向全社会个人和企事业单位提供互联网业务和承载基于互联网的增值电信业务，与国际因特网互联的 IP 网络，其中 IP 技术基于 IPv4 版本。

3.5 综合布线

3.5.1 《综合布线系统工程设计规范》

发布单位：中华人民共和国住房和城乡建设部

发布时间：2016 年 8 月 26 日

发布文号：GB 50311—2016

适用范围：本规范适用于新建、扩建、改建建筑与建筑群综合布线系统工程设计，用于配合现代化城镇信息通信网向数字化方向发展，规范建筑与建筑群的语音、数据、图像及多媒体业务综合网络建设。

3.5.2 《综合布线系统工程验收规范》

发布单位：中华人民共和国住房和城乡建设部

发布时间：2016 年 8 月 26 日

发布文号：GB/T 50312—2016

适用范围：本规范适用于新建、扩建综合布线系统工程的验收，用于统一建筑与建筑群综合布线系统工程施工质量检查、随工检验和竣工验收等工作的技术要求。

3.6 机房工程

3.6.1 《数据中心设计规范》

发布单位：中华人民共和国住房和城乡建设部，中华人民共和国国家质量监督检验检疫总局

发布时间：2017 年 5 月 4 日

发布文号：GB 50174—2017

适用范围：本规范适用于新建、改建和扩建的数据中心的设计。数据中心主要为集中放置的电子信息设备提供运行环境的建筑场所，可以是一栋或几栋建筑物，也可以是一栋建筑物的一部分，包括主机房、辅助区、支持区和行政管理区等。

3.6.2 《数据中心基础设施施工及验收规范》

发布单位：中华人民共和国住房和城乡建设部

发布时间：2015 年 12 月 3 日

发布文号：GB 50462—2015

适用范围：该规范适用于陆地建设内的新建、改建和扩建的数据中心基础设施施工及验收。可加强数据中心基础设施工程管理，规范施工及验收要求，保证

工程质量。

3.7 视频安防监控系统

3.7.1 《中小学、幼儿园安全技术防范系统要求》

发布单位：公安部和教育部共同制定

发布时间：2012 年 12 月 31 日

发布文号：GB/T 29315—2012

适用范围：该标准规定了中小学校和幼儿园安全技术防范系统基本要求、重点部位和区域及其防护要求、系统技术要求、保障措施等，适用于各类中小学、幼儿园，其他未成年人集中教育培训机构或场所可参照该标准执行。

3.7.2 《公共安全视频监控联网系统信息传输、交换、控制技术要求》

发布单位：中华人民共和国国家质量监督检验检疫总局、中国国家标准化管理委员会

发布时间：2016 年 7 月 12 日

发布文号：GB/T 28181—2016

适用范围：该标准规定了城市监控报警联网系统中信息传输、交换、控制的互联结构、通信协议结构，传输、交换、控制的基本要求和安全性要求，以及控制、传输流程和协议接口等技术要求。该标准适用于安全防范监控报警联网系统的方案设计、系统检测、验收以及与之相关的设备研发、生产，其他信息系统可参考采用。

3.7.3 《安全防范工程技术标准》

发布单位：中华人民共和国住房和城乡建设部

发布时间：2018 年 5 月 14 日

发布文号：GB 50348—2018

适用范围：安全防范是人防、物防、技防的有机结合，该规范主要对技术防范系统的设计、施工检验验收做出了基本要求和规定，涉及物防、人防的要求由相关的标准或法规做出规定。该规范适用于新建改建扩建的安全防范工程，通用型公共建（构）筑物（及其群体）和有特殊使用功能的高风险建（构）筑物及其

群体的安全防范工程的建设均应执行该规范。

3.8 出入口控制系统

3.8.1 《出入口控制系统工程设计规范》

发布单位：中华人民共和国建设部

发布时间：2007 年 3 月 21 日

发布文号：GB 50396—2007

适用范围：该规范适用于以安全防范为目的的新建、改建、扩建的各类建筑物（构筑物）及其群体的出入口控制系统工程设计。出入口控制系统工程的建设应与建筑及其强、弱电系统的设计统一规划，根据实际情况，可一次建成，也可分步实施。

3.9 入侵报警系统

3.9.1 《入侵报警系统工程设计规范》

发布单位：建设部批准发布

发布时间：2007 年 3 月 21 日

发布文号：GB 50394—2007

适用范围：该规范是《安全防范工程技术标准》GB 50348—2018 的配套标准，是安全防范工程建设的基础性标准之一，适用于新建、改建、扩建的各类建筑物（构筑物）及其群体的入侵报警系统工程设计。入侵报警与出入口控制系统工程一样，在建设中应与建筑及其强、弱电系统的设计统一规划，根据实际情况可一次建成，也可分步实施。

3.10 录播系统

3.10.1 《教学录播系统设计规范》

发布单位：安徽省质量技术监督局

实施时间：2015 年 4 月 27 日

发布文号：DB34/T 2318—2015

适用范围：本标准规定了一些教学录播系统设计规范的属于和定义、总体基本要求、系统组成、系统功能、系统设计、防雷、供电和传输线缆设计。

该标准适用于学校、培训机构新建、改建和扩建教学录播系统（教室）的设计。

3.11 视频会议系统

3.11.1 《视频显示系统工程技术规范》

发布单位：中华人民共和国住房和城乡建设部，中华人民共和国国家质量监督检验检疫总局

发布时间：2008 年 12 月 15 日

发布文号：GB 50464—2008

适用范围：该规范适用于新建、改建、扩建 LED 型、投影型、电视型等类型的视频显示系统，标准内容主要包括视频显示系统工程的分类和分级，视频显示系统工程设计，视频显示系统工程施工，视频显示系统试运行和视频显示系统工程验收。

3.12 电话交换系统

3.12.1 《用户电话交换系统工程设计规范》

发布单位：中华人民共和国住房和城乡建设部，中华人民共和国国家质量监督检验检疫总局

发布时间：2010 年 8 月 18 日

发布文号：GB/T 50622—2010

适用范围：该规范适用于新建、改建、扩建用户电话交换系统、调度系统、会议电话系统和呼叫中心工程设计。工程设计应采用相关行业主管部门批准入网的用户电话交换设备、调度电话设备、会议电话设备、呼叫中心设备。

3.13 数字广播系统

3.13.1 《公共广播系统工程技术标准》

发布单位：中华人民共和国住房和城乡建设部

发布时间：2021 年 4 月 9 日

发布文号：GB/T 50526—2021

适用范围：该规范适用于新建、改建和扩建的公共广播系统电声工程的设计、施工和验收，用于规范公共广播系统工程设计和工程施工，做到安全适用、节约能源、节省资源、保护环境、保证质量。

3.14 数字电视系统

3.14.1《有线电视网络工程设计标准》

发布单位：中华人民共和国住房和城乡建设部

发布时间：2018 年 1 月 16 日

发布文号：GB/T 50200—2018

适用范围：该规范适用于新建、改建和扩建的数字电视网络工程设计，规范了不同网络技术体系下数字电视网络的干线网、城域干线网和接入分配网。较上一版标准增加了有线广播电视网络中的双向传输部分和光传输部分、数字干线传输网和城域宽带数据交换网、光传输网络（OTN）技术和光纤到户（FTTH）技术等部分。

3.15 校园一卡通系统

3.15.1《集成电路（IC）卡读写机通用规范》

发布单位：国家质量技术监督局

发布时间：2000 年 10 月 17 日

发布文号：GB/T 18239—2000

适用范围：该标准规定了集成电路（IC）卡读写机的技术要求、试验方法和检验规则，以及标志、包装、运输和贮存要求。本标准适用于 IC 卡读写机产品。

3.16 校园物联网

3.16.1《具有资源开放性的物联网能力要求》

发布单位：国家市场监督管理总局，中国国家标准化管理委员会

发布时间：2021 年 4 月 30 日

发布文号：GB/T 40026—2021

适用范围：该标准规定了具有资源开放性的物联网的需求、应用场景，以及开放物联网的系统架构，在此基础上对物联网平台、感知延伸网络和应用层提出了进一步的能力要求。该标准适用于开放性的物联网。

3.16.2《面向智慧城市的物联网技术应用指南》

发布单位：国家市场监督管理总局，中国国家标准化管理委员会

发布时间：2018 年 10 月 10 日

发布文号：GB/T 36620—2018

适用范围：该标准给出了面向智慧城市的物联网参考体系结构，规定了智慧城市中物联网系统各功能域以及支撑域功能实现的 IT（信息技术）基础设施的构成。该标准适用于智慧城市中物联网系统的规划和设计实现。

第 4 章

中小学信息化政策研究

4.1 国家 / 教育部

4.1.1 《中国教育现代化 2035》

1. 制定背景

《中国教育现代化 2035》提出推进教育现代化的指导思想是：以习近平新时代中国特色社会主义思想为指导，全面贯彻党的十九大和十九届二中、三中全会精神，坚定实施科教兴国战略、人才强国战略，紧紧围绕统筹推进"五位一体"总体布局和协调推进"四个全面"战略布局，坚定"四个自信"，在党的坚强领导下，全面贯彻党的教育方针，坚持马克思主义指导地位，坚持中国特色社会主义教育发展道路，坚持社会主义办学方向，立足基本国情，遵循教育规律，坚持改革创新，以凝聚人心、完善人格、开发人力、培育人才、造福人民为工作目标，培养德智体美劳全面发展的社会主义建设者和接班人，加快推进教育现代化、建设教育强国、办好人民满意的教育。将服务中华民族伟大复兴作为教育的重要使命，坚持教育为人民服务、为中国共产党治国理政服务、为巩固和发展中国特色社会主义制度服务、为改革开放和社会主义现代化建设服务，优先发展教育，大力推进教育理念、体系、制度、内容、方法、治理现代化，着力提高教育质量，促进教育公平，优化教育结构，为决胜全面建成小康社会、实现新时代中国特色社会主义发展的奋斗目标提供有力支撑。

建设教育强国是中华民族伟大复兴的基础工程。为加快教育现代化，把我国建设成为教育强国，服务支撑 2035 年国家基本现代化目标、实现新时代中国特色社会主义发展的战略安排，因此制定本文件。

2. 内容概述与摘要

到 2035 年，总体实现教育现代化，迈入教育强国行列，推动我国成为学习大国、人力资源强国和人才强国，为到 21 世纪中叶建成富强民主文明和谐美丽的社会主义现代化国家奠定坚实基础。

《中国教育现代化 2035》聚焦教育发展的突出问题和薄弱环节，立足当前，着眼长远，重点部署了面向教育现代化的十大战略任务：学习习近平新时代中国特色社会主义思想；发展中国特色世界先进水平的优质教育；推动各级教育高水平高质量普及；实现基本公共教育服务均等化；构建服务全民的终身学习体系；提升一流人才培养与创新能力；建设高素质专业化创新型教师队伍；加快信息化时代教育变革；开创教育对外开放新格局；推进教育治理体系和治理能力现代化。

4.1.2 《加快推进教育现代化实施方案（2018—2022 年）》

1. 制定背景

以习近平新时代中国特色社会主义思想为指导，全面贯彻党的十九大和十九届二中、三中全会精神，以培养社会主义建设者和接班人为根本任务，以全面加强党对教育工作的领导为根本保证，以促进公平和提高质量为时代主题，围绕加快推进教育现代化这一主线，聚焦教育发展的战略性问题、紧迫性问题和人民群众关心的问题，统筹实施各类工程项目和行动计划，着力深化改革、激发活力，着力补齐短板、优化结构，更好发挥教育服务国计民生的作用，确保完成决胜全面建成小康社会教育目标任务，为推动高质量发展、实现 2035 年奋斗目标夯实基础。

2. 内容概述与摘要

《实施方案》提出了推进教育现代化的十项重点任务：实施新时代立德树人工程；推进基础教育巩固提高；深化职业教育产教融合；推进高等教育内涵发展；全面加强新时代教师队伍建设；大力推进教育信息化；实施中西部教育振兴发展计划；推进教育现代化区域创新试验；推进共建"一带一路"教育行动；深化重点领域教育综合改革。

4.1.3 《关于大力加强中小学线上教育教学资源建设与应用的意见》

1. 制定背景

为深入贯彻党的十九届四中全会、十九届五中全会和全国教育大会精神，认真落实《中国教育现代化 2035》和全国基础教育会议部署要求，充分发挥信息技术对推进教育现代化的重要作用，在深入总结新冠肺炎疫情防控期间大规模在线教育宝贵经验的基础上，现就大力加强中小学线上教育教学资源建设与应用工作提出本意见。

2. 内容概述与摘要

本意见做出以下几点重要举措：加强平台体系建设；高质量开发资源；充分用好平台资源；提高师生应用能力；完善政策保障体系。

4.1.4 《关于推进教育新型基础设施建设构建高质量教育支撑体系的指导意见》

1. 制定背景

教育新型基础设施是以新发展理念为引领，以信息化为主导，面向教育高质量发展需要，聚焦信息网络、平台体系、数字资源、智慧校园、创新应用、可信安全等方面的新型基础设施体系。教育新型基础设施建设是国家新基建的重要组成部分，是信息化时代教育变革的牵引力量，是加快推进教育现代化、建设教育强国的战略举措。为深入贯彻党的十九届五中全会精神，加快推进教育新基建，构建高质量教育支撑体系，提出本意见。

2. 内容概述与摘要

到 2025 年，基本形成结构优化、集约高效、安全可靠的教育新型基础设施体系，并通过迭代升级、更新完善和持续建设，实现长期、全面的发展。建设教育专网和"互联网＋教育"大平台，为教育高质量发展提供数字底座。汇聚生成优质资源，推动供给侧结构性改革。建设物理空间和网络空间相融合的新校园，拓展教育新空间。开发教育创新应用，支撑教育流程再造、模式重构。提升全方位、全天候的安全防护能力，保障广大师生切身利益。重点方向如下：信息网络新型基础设施；平台体系新型基础设施；数字资源新型基础设施；智慧校园新型基础设施；创新应用新型基础设施；可信安全新型基础设施。

4.1.5 《教育信息化 2.0 行动计划》

1. 制定背景

为深入贯彻落实党的十九大精神，加快教育现代化和教育强国建设，推进新时代教育信息化发展，培育创新驱动发展新引擎，结合国家"互联网＋"、大数据、新一代人工智能等重大战略的任务安排和《国家中长期教育改革和发展规划纲要（2010—2020 年）》《国家教育事业发展"十三五"规划》《教育信息化十年发展规划（2011—2020 年）》《教育信息化"十三五"规划》等文件要求，制定本计划。

2. 内容概述与摘要

通过实施教育信息化 2.0 行动计划，到 2022 年基本实现"三全两高一大"的发展目标，即教学应用覆盖全体教师、学习应用覆盖全体适龄学生、数字校园建设覆盖全体学校，信息化应用水平和师生信息素养普遍提高，建成"互联网＋教育"大平台，推动从教育专用资源向教育大资源转变，从提升师生信息技术应用能力向全面提升其信息素养转变，从融合应用向创新发展转变，努力构建"互联网＋"条件下的人才培养新模式、发展基于互联网的教育服务新模式、探索信息时代教育治理新模式。实施行动如下：数字资源服务普及行动；网络学习空间覆盖行动；网络扶智工程攻坚行动；教育治理能力优化行动；百区千校万课引领行动；数字校园规范建设行动；智慧教育创新发展行动；信息素养全面提升行动。

4.2 省市

4.2.1《北京市教育信息化"十四五"规划》

1. 制定背景

为贯彻党中央、国务院关于推进"互联网＋教育"发展的部署要求，落实《北京市"十四五"时期信息化发展规划》《北京市"十四五"时期教育改革和发展规划》任务，以信息化支撑"十四五"时期北京教育高质量发展，北京市教委制定了《北京市教育信息化"十四五"规划》。

2. 内容概述与摘要

以习近平新时代中国特色社会主义思想为指导，全面贯彻党的十九大和十九届历次全会精神，深入贯彻党的教育方针，落实立德树人根本任务，遵循教育规律，利用技术赋能，更新教育理念，变革教育方式，着力构建线上线下、校内校外有机融合的教育体系，形成新时代面向每个人、适合每个人、更加开放灵活的首都教育新格局，发展更高质量更加公平的教育，培养德智体美劳全面发展的社会主义建设者和接班人，提升教育现代化水平，办好人民满意的首都教育。

到 2025 年，北京教育信息化实现"七个全面"的发展目标，即教育新型基础设施全面建成、教育大数据应用全面深化、智能化教育管理服务全面普及、师生信息素养和能力全面提升、信息技术与教育教学全面融合、信息化育人环境全面升级、网络安全保障能力全面增强。教育信息化推动人才培养模式改革创新的作用更加凸显，促进教育公平、提高教育质量、优化教育结构的作用充分彰显，在建设高质量教育体系中发挥重要的支撑引领作用。

4.2.2 《上海市教育数字化转型实施方案（2021—2023）》

1. 制定背景

为深入贯彻国家关于教育强国、数字中国战略部署，落实市委、市政府《关于全面推进上海城市数字化转型的意见》精神和教育部、市政府共同全面深化上海市教育综合改革工作推进会精神，推进教育数字化转型试点区建设，整体性推进教育数字化转型，全方位赋能教育综合改革，革命性重塑高质量教育体系，服务国家战略和上海城市发展，制订本实施方案。

2. 内容概述与摘要

到 2023 年，将上海建设成为全国教育数字化转型标杆城市。形成一批高质量、可复制、可推广的教育数字化转型经验案例和示范场景。积极探索教育数字化"新环境、新体系、新平台、新模式、新评价"建设，推进教育更高层次的优质均衡、个性多元。围绕立德树人根本任务，更新教育理念，变革教育模式，以数字化支撑高质量教育体系建设。

全面提升师生信息素养，厚植教育数字化转型发展理念。推进 5G+ 云网融合，教育信息网络基础环境全面优化。实现"一网通办"向"一网好办"转变，教育治理能力更加科学高效。信息化赋能教育管理与教育教学各环节，大数据有效支撑教育评价改革。数据驱动的因材施教更加常态化，教学模式更加灵活智能，人才培养方式更加个性多元。教育资源和服务更加优质均衡，全面支撑智能泛在、贯穿终身的学习体系。主要内容如下：创新教育场景示范应用，深入推进教育教学变革；推进教育新基建，打造教育数字化发展新环境；打造教育数字基座，赋能各类教育应用发展；推进教育评估数字化，开展数据驱动的教育综合评价；创新教育资源建设模式，满足多元数字化教育需求；实施信息素养提升工程，健全师生信息素养培养体系；推进教育管理业务流程再造，提升教育治理服务能力；加强数字化转型研究，促进数字化转型可持续发展。

4.2.3 《天津市教育信息化"十四五"规划》

1. 制定背景

为深入贯彻习近平新时代中国特色社会主义思想和党的十九大及十九届二中、三中、四中、五中、六中全会精神，全面落实习近平总书记关于教育的重要论述和全国教育大会精神，深化实施国家信息化发展战略，落实国家和天津"教育现代化 2035""教育信息化 2.0 行动计划"等重要目标任务，全面深入推进新时代教育信息化发展，特制定天津市教育信息化"十四五"规划。

2. 内容概述与摘要

"十四五"期间，在全面完成天津教育信息化 2.0 行动计划目标任务的基础上，基本建成基于"一网五平台"的教育信息化新体系。优化完善天津教育科研网，提升天津教育管理服务平台、天津教育资源服务平台、天津终身教育平台，建设天津教育安全平台，整合天津教育治理信息化平台。加强新型信息基础设施建设，利用新技术创新教育信息化服务业态和教育信息化治理生态，有效支撑各类教育高质量发展。

——支撑高等教育学科建设和现代化发展。推进高校智慧校园环境升级，加强"双万计划"一流课程资源建设，推进校际数字化资源共建共享，整合并提升资源与管理平台的服务效能，全面提升高校信息化治理水平。

——支持职业教育特色化融合发展。打造统一融合的天津特色职业教育区块网络体系，建成天津职教学习服务资源中心，完成职业院校管理与服务流程再造，进一步增强校园内部治理能力，推进新一代信息技术支持下的高素质技术技能人才培养模式改革和创新。

——支撑基础教育优质均衡和个性化发展。完善基础教育资源公共服务体系，持续深化网络学习空间应用覆盖行动。加强中小学精品课程资源建设，实现线上线下相融合的教学模式创新。

——支撑终身教育体系完善和全面发展。推进天津终身教育平台建设，实现全市终身教育服务体系资源分布及整体运行情况数据化管理。整合终身教育数字化学习资源，全面提升各领域终身学习课程资源建设质量。

4.2.4 《浙江省教育信息化"十四五"发展计划》

1. 制定背景

以习近平新时代中国特色社会主义思想为指导，全面贯彻党的教育方针，紧紧围绕《中国教育现代化 2035》《浙江教育现代化 2035 行动纲要》《浙江省教育事业发展"十四五"规划》，落实立德树人根本任务，以构建高质量数字教育公共服务体系、促进学生全面而有个性的发展为目标，以数字化改革为总牵引，以促进公平和提高质量为重点，以促进技术与教育教学融合创新为主线，以数字赋能和机制创新为动力，以队伍专业化和师生信息素养提升为保障，对标"重要窗口"，充分发挥新技术在教育系统性变革中的内生变量作用，为浙江省总体实现教育现代化和构建学习型社会提供有力支撑。

2. 内容概述与摘要

到 2025 年，总体建成高质量数字教育公共服务体系。全面推进教育新型基础设施建设，建成教育行业云，校校建有新型教学空间，高质量普及网络学习空间，普遍建成智慧校园。建成体系完备、资源丰富、服务精准的数字教育资源公共服务体系，逐步满足大规模因材施教、个性化学习和全民终身学习需求。形成数字化教育治理体系，有力支撑教育科学决策、精准管理和智能服务，实现教育整体智治。全面提升师生信息素养，大幅提高学校、家庭和社会的共育水平。政产学研用一体化协同创新机制基本成熟，形成一批具有浙江辨识度的教育信息化研究和应用成果。教育信息化达到国际先进水平，成为展示浙江教育现代化的"重要窗口"。主要任务如下：推进数字化改革，赋能教育治理现代化；优化数字资源公共服务，发展高质量在线教育；提升师生信息素养，促进创新型人才培养；深化融合创新，引领教育教学变革；提高技术装备水平，优化数字教育基础环境；健全网络保障体系，增强整体安全防控能力；扩大国内外开放合作，构建合作共赢新格局；创新体制机制，保障教育信息化可持续发展。

4.2.5 《山东省"十四五"教育事业发展规划》

1. 制定背景

"十四五"时期是山东开启新时代现代化强省建设新征程的关键时期，教育是实现现代化的基础，强省必先强教。为加快推进教育高质量发展，根据《中国教育现代化 2035》《山东省国民经济和社会发展第十四个五年规划和 2035 年远景目标纲要》等，制定本规划。

2. 内容概述与摘要

到 2025 年，基本建成高质量教育体系，教育治理效能明显提升，教育内生动力和发展活力进一步激发，人才培养水平和教育服务贡献能力显著增强，学习型、创新型、技能型社会建设加速推进，教育现代化水平走在全国前列。到 2035 年，全面实现教育现代化，全面建成教育强省和人力资源强省，为山东新时代现代化强省建设发挥关键支撑作用。主要内容如下：全面落实立德树人根本任务；系统构建高质量教育体系；着力提升人才培养质量；努力建设高素质专业化创新型教师队伍；加快完善高校科技创新体系；持续推动信息化时代的教育创新；积极开创教育合作交流新格局；建立健全具有山东特色的教育评价体系；不断推进教育治理体系和治理能力现代化。

4.2.6 《安徽省智慧学校建设总体规划（2018—2022年）》

1. 制定背景

为深入贯彻习近平新时代中国特色社会主义思想和党的十九大精神，全面贯彻全国教育大会精神，按照省委、省政府关于推进智慧学校建设的部署，聚焦办好公平而有质量的教育，推动教育组织形式和管理模式变革创新，以教育信息化带动教育现代化，根据全省教育信息化发展实际，编制本规划。

2. 内容概述与摘要

以推进智慧教学、智慧学习、智慧管理、智慧生活、智慧文化为主要内容，以人才队伍和基础环境建设为支撑，构建"5项基本功能+2项支撑条件"的智慧学校结构，推动信息技术在德智体美劳等方面全方位应用，形成以学习者为中心的个性化智慧学校生态体系。主要内容如下：创新教学模式，实现智慧教学；变革学习方式，促进智慧学习；提高治理能力，强化智慧管理；增强智能服务，创设智慧生活；立足德育根本，打造智慧文化；完善基础设施，夯实支撑环境；强化专业培养，落实人才保障。

4.2.7 《江西省中小学"三个课堂"建设技术要求（试行）》

1. 制定背景

根据《教育部关于加强"三个课堂"应用的指导意见》、省教育厅《关于印发〈关于推进全省中小学"三个课堂"应用的实施方案〉的通知》要求，为进一步推进江西省信息技术与教育教学实践深入融合，推动课堂改革，创新教育教学模式，促进育人方式转变，构建"互联网+教育"新生态，加快江西省教育现代化进程，实现"三个课堂"规范化建设，制定《江西省中小学"三个课堂"建设技术要求（试行）》。

2. 内容概述与摘要

构建基于网络的教学安排、课堂教学、教学研究、质量监测、评价反馈的闭环系统。依托赣教云基础设施、教育省域网、省教育资源公共服务平台，采用网络巡课、教学实录等方式，通过对"三个课堂"应用的信息采集和数据分析，实现对"三个课堂"应用效果的动态监管，辅助科学决策、支撑精细管理、促进精准教学。建立"三个课堂"应用进展信息报送和发布制度，及时掌握和通报工作进展与应用成效。建设内容如下：专递课堂；名师课堂；名校网络课堂。

4.2.8 《甘肃教育信息化2.0行动计划》

1. 制定背景

为充分发挥教育信息化在教育现代化中的支撑引领作用，根据中共中央、国务院《中国教育现代化2035》、教育部等十一部门《关于促进在线教育健康发展的指导意见》和教育部《教育信息化2.0行动计划》等文件精神，结合甘肃省实际，制定本计划。

2. 内容概述与摘要

打造甘肃教育信息化升级版，构建基于新一代信息技术的新型教育教学模式、教育服务供给模式、教育治理模式，探索"智能＋"条件下的人才培养新模式。到2020年底，基本实现全省中小学（含教学点）宽带网络全覆盖和信息化教学环境全面普及；到2022年，基本实现"三全两高一大"的发展目标，即教学应用覆盖全体教师、学习应用覆盖全体适龄学生、数字校园建设覆盖全体学校，信息化应用水平和师生信息素养普遍提高，建成省级"互联网＋教育"大平台，全省教育信息化公共服务体系不断完善。重点行动计划如下：教育信息化基础设施提升行动；智慧教育云平台建设行动；教育信息化推动基础教育优质均衡发展行动；教育信息化推动职业教育及高等教育质量提升行动；智能化教育治理能力提升行动；智慧教育创新发展行动；师生信息素养提升行动；教育网络安全保障行动。